人体の構造的に正しい腹筋運動の新標準《ニュー・スタンダード》

逆腹筋の教科書

逆腹筋の考案者、理学療法士
ヨガインストラクター
中村尚人

KADOKAWA

はじめに

突然ですが、あなたは「三大腹筋運動」と聞いて、何を思い浮かべますか？

おそらく、最初に思い浮かんだのは、「上体起こし運動」でしょう。

足上げ腹筋も、「頭を上げるか足を上げるか？」の違いだけで、上体起こし運動の仲間です。

「プランク」を思い浮かべた人もいるかもしれませんね。

これで、二つ。

では、あと一つは何でしょう？

腹筋には「縮める」「伸びる」「固定する」という三つの働きがあります。「縮める」は上体起こし運動、「固定する」はプランクが相当します。

では、「伸びる」に該当するものは何か？

それが、本書で紹介する「逆腹筋」です。

人間の三大腹筋運動

1 縮める
（求心性収縮）
上体起こし運動

2 固定する
（等尺性収縮）
プランク

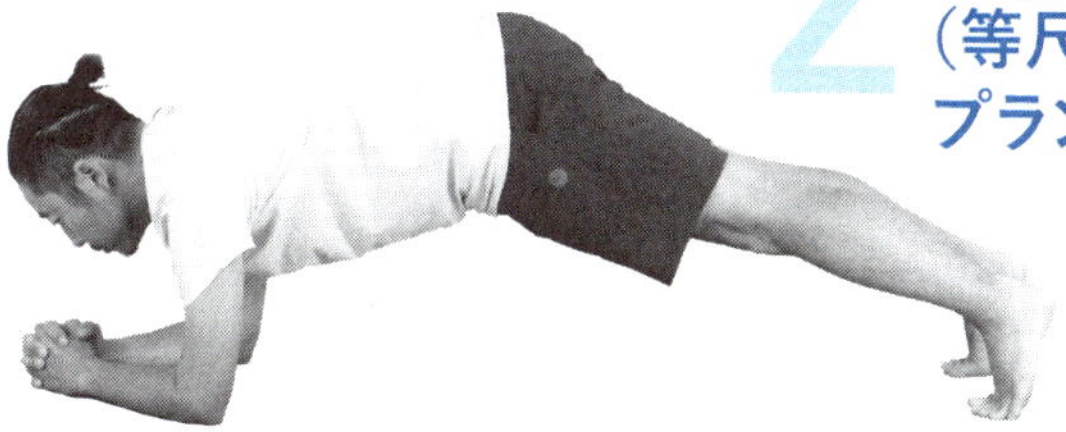

3 伸びる
（遠心性収縮）

？

本書の目的は、「伸びる」腹筋運動である「逆腹筋」を三大腹筋運動の一つとして提唱し、世に知ってもらい、定着させることです。
この「伸びる」に相当する腹筋運動は、残念ながら長らく不在でした。

ここで重要な事実があります。

腹筋の本来の役割とは、「伸びる」ことなのです。

私たち人間が犬や猫のような四つ足動物と異なり、上半身をまっすぐ立てることができるのは、腹筋の「伸びる」力が働いているからです。
もちろん、お腹を「縮める」「固定する」ことは、生活や動きのなかで時に必要です。
しかし、直立姿勢を保つため必要な「伸びる」力と比べれば脇役でしかありません。

医学的、解剖学的な観点から見ても、腹筋の役割は「縮める」「固定する」よりも、「伸びる」のほうが圧倒的に優勢だと言えます。

にもかかわらず、この強い力が注目されていない。

使いこなすことができていない。

「腹筋運動といえば上体起こし運動」という固定観念にとらわれて、トレーニングの方法としても、十分に認識されていない。


それは非常にもったいないことだと、私は思うのです。

「人類にとって、大きな損失だ」と言っても過言ではありません。

ですから「伸びる力」の大切さについて、この本でしっかりお伝えしたいと思います。

重力に逆らわず「任せる」腹筋

では、「逆腹筋」はどのようなメカニズムで「腹筋に効く」のでしょうか?


逆腹筋を一言で言うと、「自分の上半身を重りにした自重トレーニング」です。

後ろにそった上半身の重みで体がバタンと倒れないように、腹筋の「伸びる力」で上半身を支えることで、腹筋が鍛えられます。

実際に触って確認してほしいのですが、このとき腹筋はかなり硬くなっています。

つまり、めちゃくちゃ効いているということです！

私が筋硬度計で調査したところ、「縮める」上体起こし運動や、「固定する」プランクと同じかそれ以上に硬くなっているという結果が出ました。

にもかかわらず、疲労感、努力感がないので驚かれるかもしれません。

その疲労感は「縮める」上体起こし運動の3分の1という結果が出ています。

その理由は、先ほど説明したように、腹筋のなかでもいちばん強い「伸びる力」を使っているからです。

そしてもう一つ、「逆腹筋」は重力に逆らう上体起こし運動とは異なり、重力に従い、任せていく運動です。

ふだん何気なく使っているいちばん強い力で、重力に任せていく運動だからこそ、意識して動かす必要がありません。

主な腹筋運動の体感と効果の比較

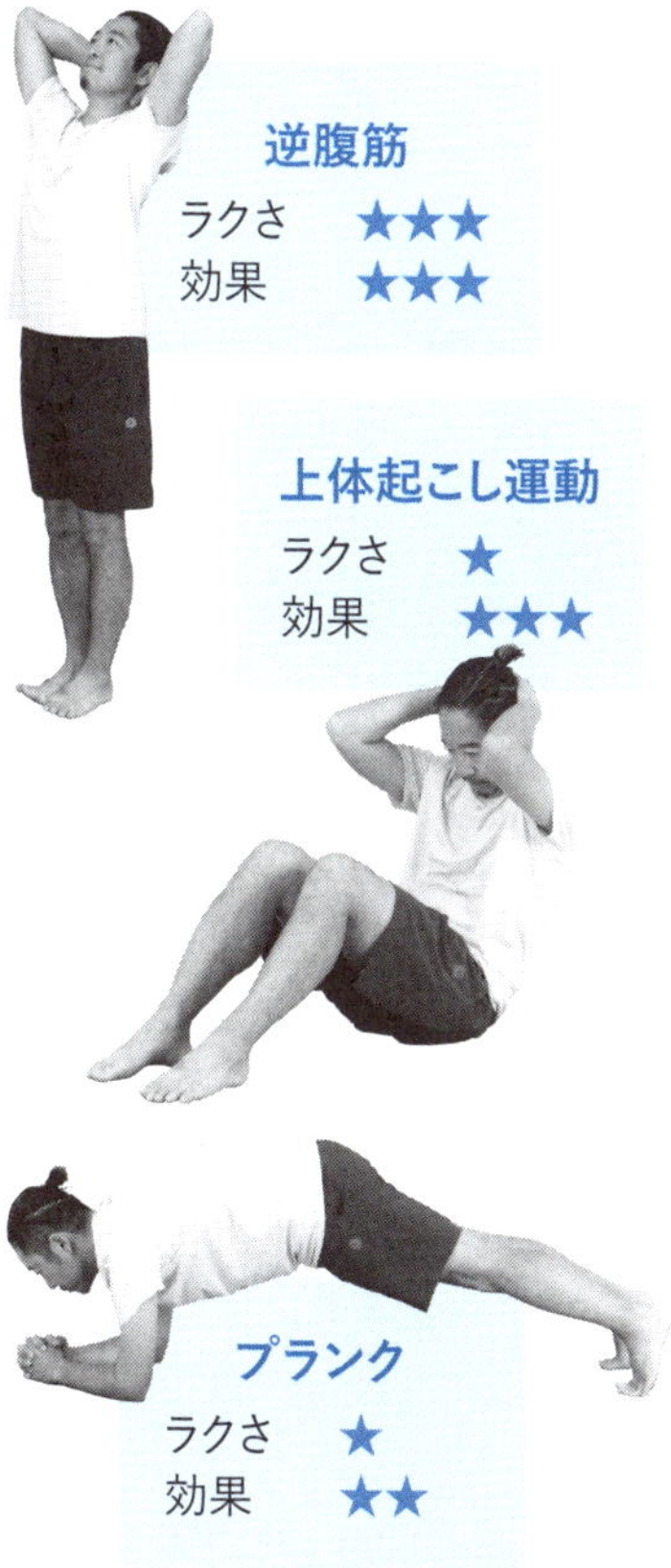

代表的な腹筋運動で効果（腹直筋の硬さ※1）と疲労感（VAS※2）を調査し、指数化。逆腹筋（遠心性収縮）、上体起こし運動（求心性収縮）、プランク（等尺性収縮）と比較。被験者は11人。

※1　ここでいう効果とは、筋硬度計によって計った腹直筋の硬さのこと。靭帯等の影響も受けているが、おおむね筋肉にかかる負荷の大きさを表していると考えられる。

※2　VAS（Visual Analog Scale）左端を0、右端を10とした10㎝の直線上で、運動によって感じる疲労感を評価する評価方法。

では対照的に、「縮める」上体起こし運動ではどうでしょうか?

上体起こし運動は、寝そべって静止状態にある上半身を、意識して筋肉の力で起こしていきます。

腹筋にとって「縮める」動きはイレギュラーですし、重力に逆らう動きでもあるので、意識して動かす必要があります。それは、「固定する」プランクも同じです。

これらの腹筋運動がツラくて、習慣化しようとして挫折してしまった人も多いのではないでしょうか。


特に上体起こし運動は腰痛などケガのリスクが高いという報告が出ています。「腹筋運動といえば、上体起こし運動」というくらい、いちばんポピュラーな腹筋運動ではありますが、予防医学にも携わる者としては、あまり積極的にすすめたいトレーニングではありません。

そんな私が、自信をもっておすすめしたいのが、本書でお伝えする「逆腹筋」です。

人体の構造的に正しく安全な「逆腹筋」

ご挨拶が遅くなりましたが、初めまして。中村尚人《なおと》と申します。

私は理学療法士として、姿勢や運動機能に問題を抱えた1万人以上の患者さんと向き合いつつ、ヨガやピラティスの指導者として2千人以上のインストラクターを養成してきました。

すでに書籍も10冊以上出版しており、NHKをはじめテレビにも何度も出演し、健康や運動についての専門知識をわかりやすく発信し続けています。

私は理学療法士として、医学的に正しい安全なヨガの普及・啓発活動を行ってきました。おかげさまで一定の成果もみられましたが、ヨガ界の外においても、医学的に適切ではない運動がまだまだ目につきます。

例えば**お腹やせや健康のためといって、上体起こし運動をはじめとする「縮める」腹筋運動を多くの人が行っている現状は、私にとって違和感しかありません。**

あとで説明しますが、上体起こし運動をしてもお腹はうすくなりません。海外の専門家が指摘しているように、腰を痛めるリスクが高い運動でもあるのです。

ヨガに医学を持ち込んだ私が、次に医学を持ち込もうとしているのが、腹筋運動です。

それこそが、本書で提案している「逆腹筋」となります。

私は2019年に『「そる」だけでやせる 腹筋革命』(飛鳥新社)を出版し、逆腹筋を(おそらく)世界で初めて世に提唱しました(当時は「そる腹筋」と呼んでいました)。

この本は大きな反響を呼び、人気テレビ番組の『林先生の初耳学(当時)』や『ZIP!』などで取り上げられ、皆さんもよく知っている芸能人の方々も画面のなかで逆腹筋を実践されていました。

本書のオビにも登場している「3時のヒロイン」のゆめっちさんは、なんと4日間でウエストマイナス8cmを達成。逆腹筋の効果を証明してくれました(ありがとうございます)。

しかし課題もありました。

YouTuberの方々が逆腹筋のやり方を発信し始めたのですが、残念ながらその

多くが正しいやり方ではなかったのです（編集者さんいわく、合計600万再生以上も観られたようです）。

逆腹筋はシンプルな運動ですが、そのぶん「正しくやること」が非常に大切です。書籍での説明が不十分だった、研究や考察がまだ深まっていなかった……そうした反省もありました。

そして前著から約6年が経ち、このたび満を持して、完全版として『逆腹筋の教科書人体の構造的に正しい腹筋運動の新標準（ニュー・スタンダード）』を出版することになりました。

本書を手に取っていただき、大変うれしく思います。

逆腹筋は、人体の構造的に正しいトレーニングを行うことで、その人本来の「うすいお腹」に効率よく変わることのできる腹筋運動です。

正しい逆腹筋でお腹を伸ばすと、一瞬でウエストがサイズダウンします。

逆腹筋のように、両腕を上げた伸び姿勢（バンザイ姿勢）をとると、お腹がシュッとうすくなります。

私が調査研究を行ったところ、一瞬のうちにウエストが平均で6・64cm細くなることがわかりました（P.49）。

歯みがき粉のチューブの下をつかむと、歯みがき粉が上に移動し、下部はうすくなりますよね。逆腹筋でもそれと同じことが起きていることから、私はこれをチューブ効果と名付けました。

これを継続するだけでうすいお腹が形状記憶され、やせやすい体が作られていきます。しかも姿勢がよくなるため、年齢とともに出てきたアチコチの痛みや不調も消えていき、自分史上最高に、動ける体へと変化していくのです。

さらに驚くほどラクにできる。そのため、苦しい、ツライから続けられないという、あの挫折感を味わうことなく習慣化できる……というわけです。

逆腹筋で得られる効果は、「お腹がうすくなる」ことだけではありません。1粒で2度おいしいどころか、10は素晴らしい変化が、あなたの体に起こります。

具体的にどんなことが起こるかというと……

- お腹がうすくなる
- 姿勢がよくなる
- 歩くのがラクになる
- 呼吸が深まる
- 血流がアップする
- やせやすい体になる
- 肩コリ・腰痛がラクになる
- 疲れにくくなる
- 集中力がアップする
- 運動パフォーマンスがレベルアップする
- 気持ちが明るく、前向きになる
- 老化をゆっくりにする

……と、ざっとこれだけあります。

腹筋は伸ばして鍛える。これが今、私たちに必要な腹筋運動です。

正直言って、猫背の多い現代人は「逆腹筋」だけ習慣にすれば、十分だと私は考えます。

ラクに、誰にでもできる。筋力がなくてどうしても挫折してしまう、腹筋をやりたいけどヘルニアが心配……という悩みのある人にもできる素晴らしい筋トレです。

「お腹を引き締めるなら、ツライ筋トレをやらないと効果がない」

そう思っていたあなた、その〝当たり前〟をいったん脇に置いて、本書を読み進めてみてください。今までの常識の逆を行く腹筋トレーニング、「逆腹筋」で、シュッとしたお腹を目指しましょう！

本書の「逆腹筋」を読者の皆さまに正しくマスターしていただくため、著者による指導動画をご紹介しています。chapter2のP.87、P.99、P.100、P.102、P.104、P.106、P.110、P.122に掲載している二次元コードにアクセスすると、YouTubeの本書公式チャンネル「逆腹筋の教科書」で著者による動画を視聴できます。
■2025年1月時点の情報です。■PC・スマートフォン対象（一部の機種ではご利用いただけない場合があります）。■パケット通信料等はお客様のご負担になります。■システム等のやむを得ない事情により予告なく公開を終了する場合があります。

逆腹筋をメディアやSNSで紹介される場合、出典として本書をご紹介いただければ幸いです。

カバーデザイン　小口翔平＋嵩あかり(tobufune)
本文デザイン　野口佳大
写真　田中達晃＋笠原舞子(Pash)
イラスト　安久津みどり
編集・執筆協力　長島恭子
校正　入江佳代子
DTP　三協美術
編集　小林徹也

contents
目次

chapter 2

実践

ここまで詳しいのは世界初!?
逆腹筋のやり方徹底解説

contents

chapter 3
姿勢

健康的な美姿勢を「形状記憶」する逆腹筋

chapter 4 健康・QOL

逆腹筋をするだけであなたは全自動で健康になっていく

contents

chapter 5
比較や起源

逆腹筋にはヨガ&ピラティスのメリットが網羅されている

chapter

最高の筋トレ

1

お腹やせや健康のためなら「逆腹筋」一択！

重力に押しつぶされてお腹が出てしまった日本人

「どうしたら、お腹を凹ますことができますか？」

これは、私の運営するピラティススタジオやヨガクラスで、そして取材に来られるメディアから、数えきれないほど聞かれる質問です。

私が理学療法士からヨガ、ピラティスの指導者に転向してから早13年。その間、毎年のように繰り返されるのですから、どれだけ多くの方が「ぽっこり腹」に悩んでいるのかがうかがえます。

「お腹を凹ませたい」「くびれたウエストが欲しい」という方にとってぜい肉のない平

らなお腹は、まさしく「カッコいいカラダ」「美ボディ」の象徴であり、永遠の憧れなのでしょう。

そもそも、私たちのお腹は、なぜ、ぽっこりと前に飛び出してしまうのでしょうか?

一つは食べ過ぎや運動不足によるエネルギー過多です。摂取カロリーが消費カロリーを上回ると、余ったエネルギーが皮下脂肪や内臓脂肪として体に蓄えられてしまいます。この場合、お腹をすっきりさせるための対策としては、脂肪を減らす必要があるので、食事のコントロールが主体です。

そして、もう一つが「重力による押しつぶし」です。実は、**現代の日本人のぽっこり腹の根本的な問題は、この「押しつぶし」に潜んでいます**。

もともと人間の体は、直立姿勢を支持する筋肉たちが自動的に働いています。これらの筋肉は「重力に抗《あらが》う筋肉」と書いて、「抗重力筋」と言います。

そして腹筋群も、直立姿勢を支える抗重力筋の一つであり、背中やお尻、脇にあるほかの抗重力筋と協力しながら、姿勢を支えています。

ところが、長年、文明の利器に頼る生活を送る間に、大変多くの方はすっかりお腹の筋肉を使わなくなってしまいました。

筋肉は使わないと、どんどん落ちていくという性質があります。

お腹の筋肉も例外ではありません。使わなければみるみるうちに細く、弱くなっていき、抗重力筋としての力も失われてしまうのです。

私は職業柄、つい道行く人の体にも目が行きますが、実に約8割の人がお腹が使えていないのでは？　と感じるのです。

では、重力に抗えなくなったお腹はどうなると思いますか？

そう、**グシャッとつぶれてしまいます。**

お腹がつぶれると、頭が前に出て、巻き肩になり、胸が閉じた「前かがみ姿勢」になります。同時に、肋骨の位置が落ちていき、その下にある内臓を押しつぶします。

お腹のスペースは限られていますから、押しつぶされた内臓は行き場をなくし、前に飛び出すしかありません。これが、現代人に多く見られる「ぽっこり腹」の正体です。

今ある「ぽっこり腹」の問題の根本は、背筋が重力に負け、腹筋も働かなくなった結果です。

ですから、現代社会では一見、やせている人や若い人の間でも、お腹だけぽっこりしている人が増えているのです。

日本人に多いスウェイバック

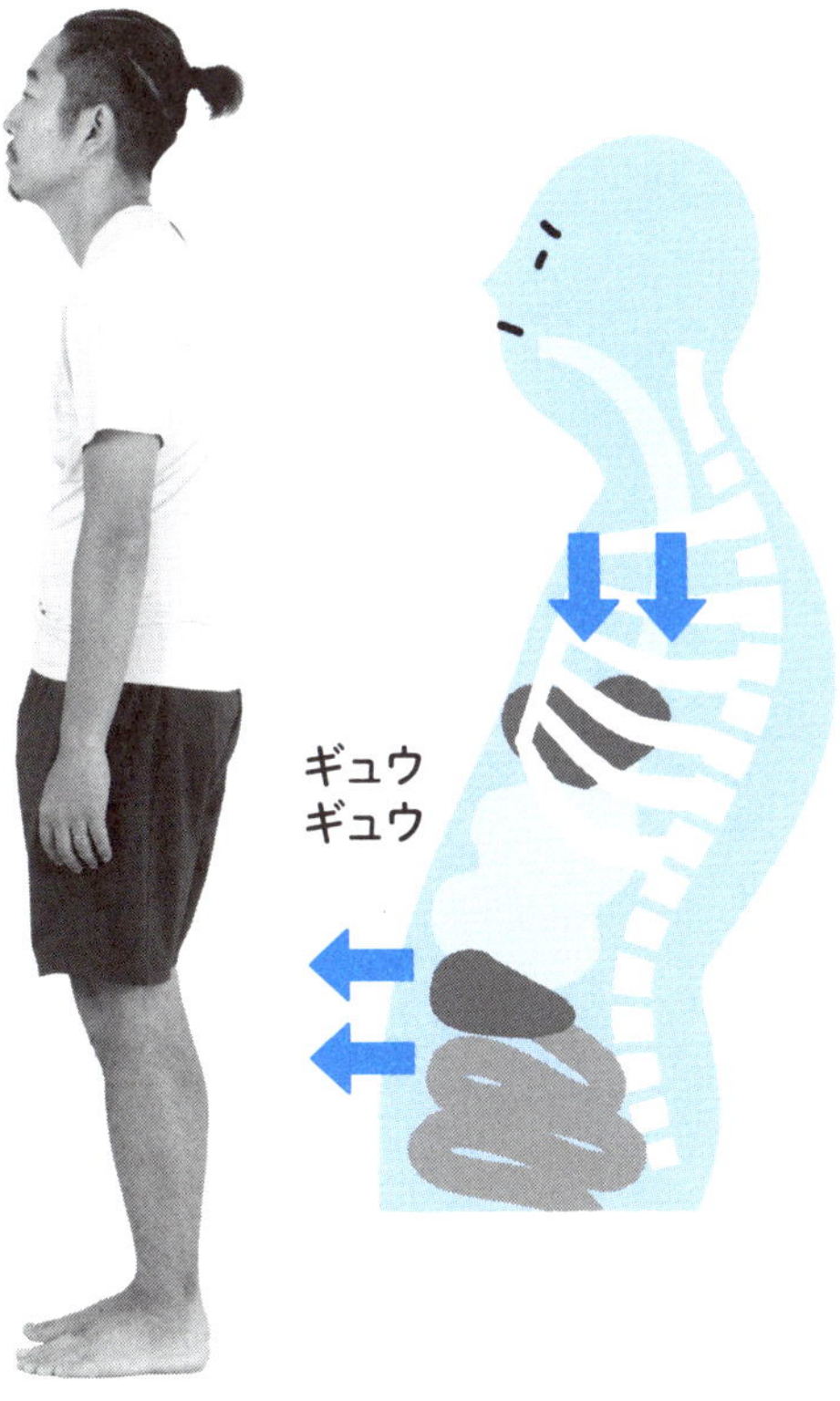

現代の日本人に多いのが、「スウェイバック」と呼ばれる前かがみ姿勢。頭の位置が下がり、胸が落ちて、骨盤は後傾している。腹筋が弱いため、肋骨の位置が落ちて内臓を押しつぶし、行き場のない内臓が前に飛び出てしまう。これが、ぽっこり腹の原因。

歩かないスマホ生活が私たちの腹筋を弱くした

そもそも、現代人はどうしてお腹を使わなくなってしまったのでしょうか?

これは、**ＩＴ化やオートマチック化が進み、体を使う機会が激減したことの影響**が、非常に大きいのです。

今や、あまり体を動かさなくても、筋肉をそれほど使わなくても生活できる環境になりました。なかでも、歩く、走るなど体を使って移動する距離が圧倒的に減少しています。

公共の交通機関は素晴らしく発達していますし、健康な人でも駅やマンション内での移動に階段よりもエスカレーター、エレベーターを利用しています。車社会の地方では、「ちょっとそこまで」の距離にあるコンビニエンスストアやスーパーへ行くのも、車移動が当たり前です。

さらにインターネットやパソコンの普及、家電の進化により、職場や家のなかさえも歩き回ることが少なくなりました。

特にオフィスワーカーは、パソコンがあれば座りっぱなしでも、ほとんどの仕事ができます。上司や同僚のデスクまで移動することも、ファックスやコピーをするためにいちいち席を立つこともなくなったと思います。

会議もネット上でできるようになり、テレワークの普及によって、通勤することさえ週に数日という方もいるでしょう。

また、家では掃除ロボットが掃除をしてくれるし、テレビや照明、音楽機器のオンオフの操作も、リモコンどころか声を出せばできます。

買い物もソファでくつろぎながら、インターネットでポチっと注文すれば完了です。

雑巾やはたきをかけたり、布団の上げ下ろしをしたり、床から何度も立ち上がったり座ったりという習慣も、多くの方の生活から消え失せ、体を大きく使うことがなくなりました。

これらの生活での行動は、一見腹筋とは関係がないように思われますが、**人間はあらゆる動作で腹筋を使っています**。

歩く、走るときの姿勢の維持はもちろん、振り向いたり、後ろのものを取ったり、上を見上げたりするときや腕を使うときも腹筋が力を発揮します。例えば腕を遠く伸ばしたり、振り回したりと、自由に動かせるのも、実は腹筋が上半身を支えてくれるから。肩甲骨も安定し、そこから伸びる腕も自由に動かせる、というわけです。

ですから、**「立つ」「歩く」「大きく腕や脚を使う」という動作が少なくなるほど、同時に腹筋も使われなくなります**。

さらには、長時間、お腹がつぶれた姿勢でいることも要因です。

特にスマートフォンを手放せない人、長時間、座りっぱなしでパソコンを操作している人は、画面をのぞき込む「前かがみ姿勢」で多くの時間を過ごすため、ますますお腹が使えなくなり、「ぽっこり腹」から抜け出せなくなります。

体つきや姿勢には、日々の習慣が映し出されます。ちりも積もれば山となる……ではありませんが、生活習慣の悪影響は意外にも大きいのです。

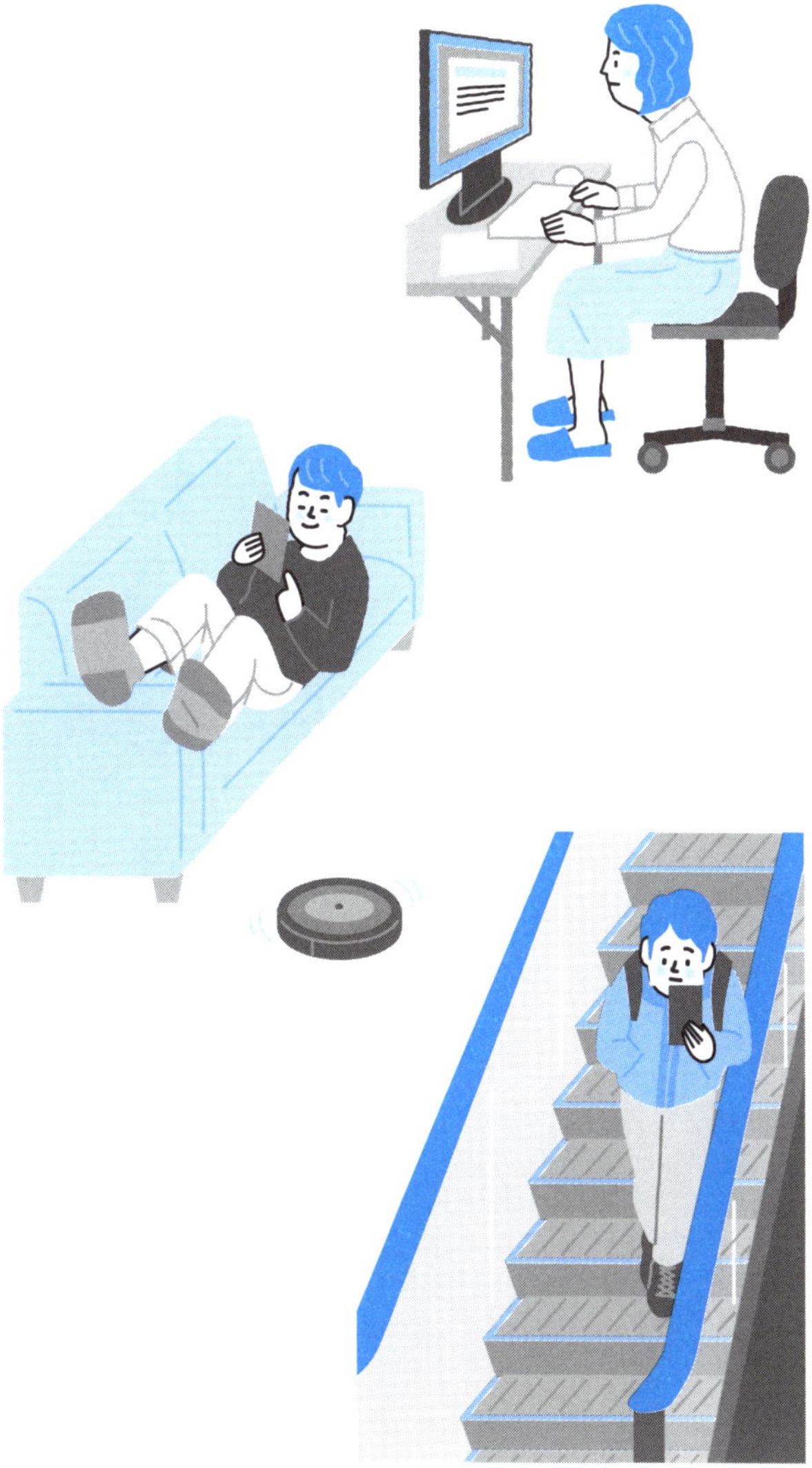

上体起こし運動（縮める腹筋）はあなたのお腹を「厚く」する

では、お腹をうすくしたいなら、どんな腹筋をすればいいのでしょう？

その答えが、本書で紹介する「逆腹筋」です。

「逆腹筋」の詳細に入る前に、まずは改めて、腹筋運動の種類や働きについて簡単にお話しします。


体は筋肉の働きにより、関節を動かしたり、固定したりします。このとき、筋肉は伸びたり縮んだり、あるいは長さを変えずジッとすることで、力を発揮します。

これを**「筋肉の収縮」と言います。**

筋肉の収縮様式は三つあります。

一つは筋肉を縮めながら力を発揮する「求心性収縮」。

二つ目は筋肉の長さを変えずに力を発揮する「等尺性収縮」。

そして三つ目は筋肉を伸ばしながら力を発揮する「遠心性収縮」です。

三つの収縮様式を、主な腹筋運動に当てはめてみると、以下のようになります。

- 求心性収縮……上体起こし運動（カールアップやシットアップ）
- 等尺性収縮……プランク
- 遠心性収縮……逆腹筋

お腹を凹ませたいと考えたとき、おそらく100%と言っていいほど、皆さんは腹筋運動にチャレンジします。

なかでもメジャーなのは、はるか昔に学校体育や部活で覚えた、あお向けで上半身を起こす求心性収縮の「上体起こし運動」。体幹トレーニングブームからすっかり腹筋の定番種目となった、等尺性収縮の「プランク」をする人も多いと思います。

三大腹筋収縮様式の違い

	特　徴	メリット	デメリット
求心性収縮 例上体起こし運動 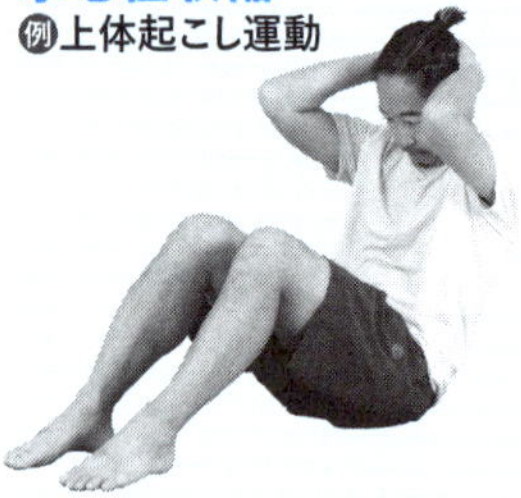	筋肉を縮めて働かせる 	● 負荷を高めやすい ● 筋肉に効いている感覚が高い ● 精神力が鍛えられる	● 椎間板内圧が上昇し障害を起こす危険性が高い ● 体が硬くなり姿勢が丸くなる ● ツライ
等尺性収縮 例プランク  	筋肉の長さを変えずに働かせる	● 体幹の安定性が向上する ● 体幹の持久力が向上する	● 椎間板内圧が比較的上昇しやすい ● 腕への負荷が高く障害を起こす危険性がある ● 正しく行うことが難しい
遠心性収縮 例逆腹筋  	筋肉を伸ばしながら働かせる	● 体を機能的に使ってできる ● 胸椎(背骨の一部)の可動性が向上する ● 精神的にラク ● ケガのリスクが少ない	● 負荷を高めにくい ● 筋肉に効いている感覚が得にくい ● そり腰の人は注意して行う必要がある

上体起こし運動や足上げ腹筋は、お腹の筋肉をグッと縮めながら、重い上半身や脚を持ち上げる運動です。強い負荷をかけて腹筋をギュウギュウ縮めて、筋肉にどんどん血液と栄養を送り込む。それにより筋肉が肥大するので、しっかりやり込むと腹筋が盛り上がり、美しいシックスパックが手に入ります。

ですから、腹筋を割りたい、ガッツリたくましい腹部にしたい方にはピッタリです。

しかし、やればやるほど筋肉がボリュームアップするのですから当然、お腹の厚みが増します。ということは、**ぽっこり前に飛び出したお腹に、さらにモリッと厚みのある筋肉がのっかるわけです。**

つまり、単純に「お腹を凹ませたい」「うすくしたい」という人には、逆効果と言えます。

お腹を縮める腹筋はウエストを太くする

ここで、腰痛研究の世界的な権威である、カナダのスチュワート・マクギル博士の研究を紹介します。マクギル博士は上半身を床から持ち上げる、上半身をねじる、脚の上げ下げを行うなど、さまざまな腹筋運動における負荷の研究[※1]を行いました。

※1 McGill, "Low back loads over a variety of abdominal exercises: searching for the safest abdominal challenge", Medicine & Science in Sports & Exercise.29:804-811, 1997

その論文によると、もっとも腹筋に対する負荷が強かったのは、両脚を上げ下げする、いわゆる「足上げ腹筋」。腹筋運動時の負荷（筋肉の動員数）を比較すると、求心性収縮の運動の負荷が高く、遠心性収縮は負荷が低いと出ました。

求心性収縮の上体起こし運動や足上げ腹筋は、筋肉の力だけで上半身や両脚を持ち上げて、腹筋をギュッと縮めます。そのため、かかる負荷が大きい。

効率よく筋肉量アップを狙うなら求心性が正解、と言えます。

一方で、そのような負荷の高い腹筋運動は、体の故障につながるという結果も出ています。**背骨を丸くして上半身を起こす腹筋は、椎間板《ついかんばん》や靭帯《じんたい》に過剰なストレスを与えてしまう**ことが、広く知られています。

逆に遠心性収縮の場合、腹筋自体だけでなく、靭帯や腱《けん》など、ほかの組織にも頼りながら筋肉が伸びるので筋組織そのものへの負荷は多少下がります。そのため、筋肥大の効果は下がりますが、安全にラクに継続できます。一長一短というわけです。

繰り返しますが、筋トレの目的が筋肥大であれば、強い負荷をかけやすい求心性収縮の腹筋運動のほうが効率的に効果を上げられますし、適しています。

しかし、姿勢が悪くさらに脂肪がたっぷりある人は、**どんなにお腹を縮めて腹筋しても、ぽっこり前に出たお腹の上に、さらに筋肉が乗ってしまう**だけです。

また、上体起こし運動では、お腹をうすくする筋肉にアプローチできません。鍛えているのは腹直《ふくちょく》筋ですが、お腹をうすくするのは腹横《ふくおう》筋や腹斜《ふくしゃ》筋です（これらの筋肉についてはP.52～53）。

せっかく時間と労力をかけてトレーニングをするのですから、目的や今の体に合った腹筋運動を選びませんか？

すべての日本人がやるべき腹筋運動が「逆腹筋」だ

現代人のつぶれたお腹を鍛えて引き締めるには、どうすればいいか？

その方法が、本書で紹介する「逆腹筋」です。


逆腹筋は筋肉を伸ばしながら鍛える「遠心性収縮」で行う腹筋運動です。

前項でお話ししたとおり、遠心性収縮は筋肉の三大収縮の一つであり、さまざまなトレーニングのなかに組み込まれています。

ところが、なぜか腹筋運動では注目されてきませんでした。

日常生活でお腹を使わなくなった日本人にとって、**遠心性収縮の腹筋はもっとも必要なトレーニングである**、と断言します。

前かがみ姿勢になると、上半身をピシッと支える腹筋が働かなくなるため、猫背になっていきます。

ですから、もともとの腹筋の役割を考えると、お腹を伸ばして鍛える遠心性収縮の腹筋運動は非常に理にかなっているのです。

私たち人間は、骨格とそれを支える「抗重力筋」の力によって、直立二足歩行を可能にしています。

上半身でいうと、主に重力に逆らうのは背筋です。**背筋の筋力は腹筋の1.3〜1.5倍あります**が、その強い力で上半身を後ろからグイッと持ち上げ、上半身を起こしています。

このとき、**腹筋は上半身が背筋の力で後ろに倒れないよう、前から引っ張って止める役割**を担っています。つまり、**もともと「伸ばして使われている」筋肉**なのです。

私たちは本来1日のほとんどの時間を、腹筋を「遠心性収縮」で伸ばしながら使う動物です。

シックスパックを形成する腹直筋が実生活で求心性収縮を起こすのは、起床時に起き上がる瞬間ぐらいでしょう。そのぐらい、人間の体は腹筋の遠心性収縮によってさまざまな日常動作を可能にし、支えられているのです。


もう一つ、ここで気づいてほしいことは、「前かがみ姿勢」になっている人は腹筋だけでなく、**「上半身を持ち上げる」背筋の力も落ちている**ということです。

逆腹筋は、腹筋だけでなく背筋も同時に鍛えられるトレーニングです。つまり、ぽっこり腹がうすくなるだけでなく、背筋がシュッと伸びた姿勢も手に入ります。


人間は地球上で唯一、直立二足歩行する動物です。腹筋や背筋が弱ってしまい、本来の直立姿勢が保てず「前かがみ姿勢」になってしまうとき、人間として必要最低限の筋肉が失われています。

トレーニングが必要なのは、弱った部位です。生活のなかで美しく快適な姿勢を保てなくなったのであれば、姿勢に直結する「お腹を伸ばす筋トレ」を中心にすることが理にかなっています。だから私は、伸ばして鍛える逆腹筋は、現代社会に生きる全日本人がやるべきトレーニングだと断言します。

そのうえで、造形として美しいお腹——例えばシックスパックなど——を手に入れたいのであれば、より負荷の強い求心性収縮の筋トレや安定性を高める等尺性収縮を取り入れることに異存はありません。

まずは遠心性収縮の逆腹筋で飛び出したお腹をしまう。そのうえで、必要な方はシックスパックを盛り上げれば、パーフェクトだと思いませんか?

腹筋の遠心性収縮が
おろそかになると

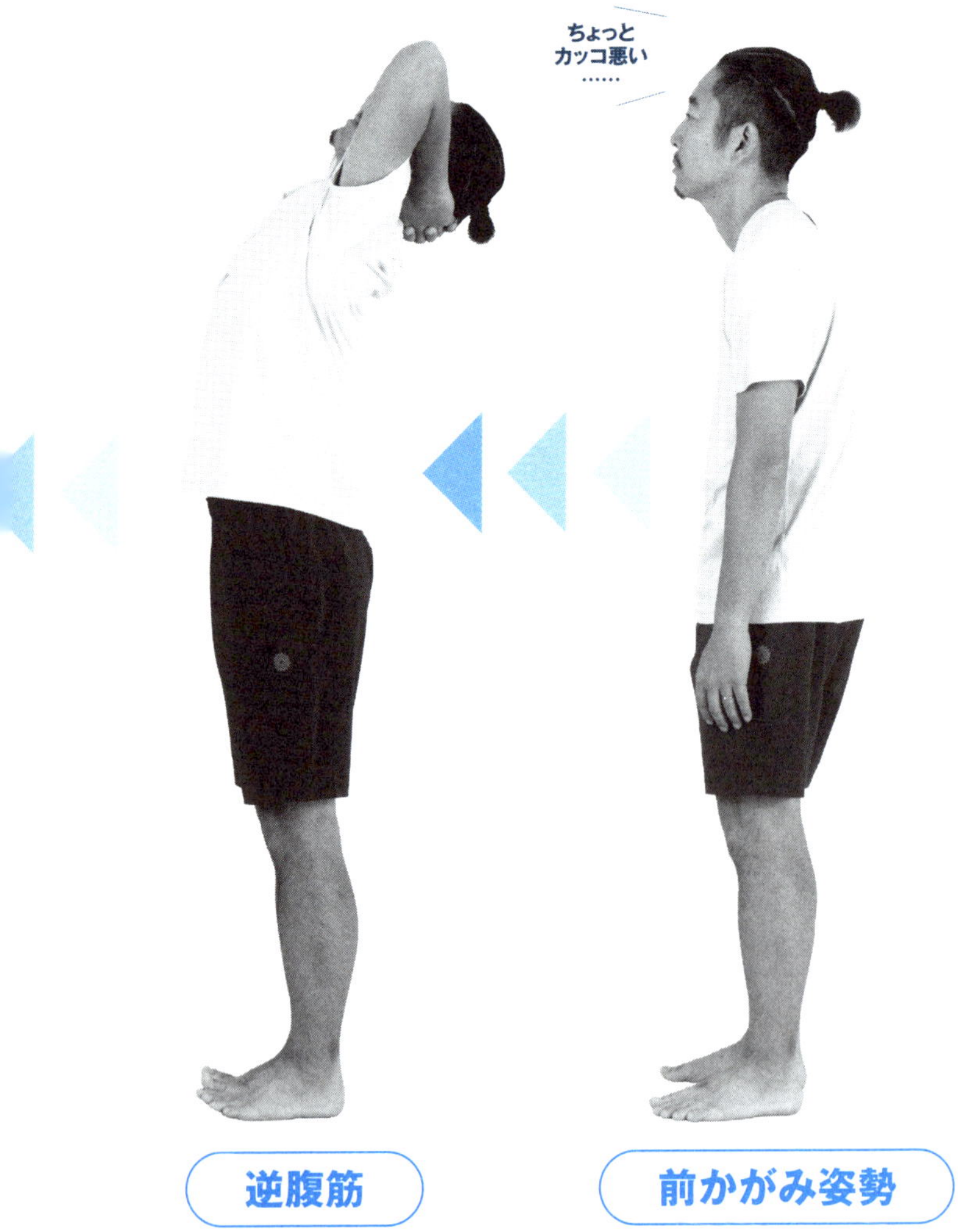

逆腹筋は、腹筋の
遠心性収縮によって
お腹だけでなく
背筋も同時に
鍛えられる!

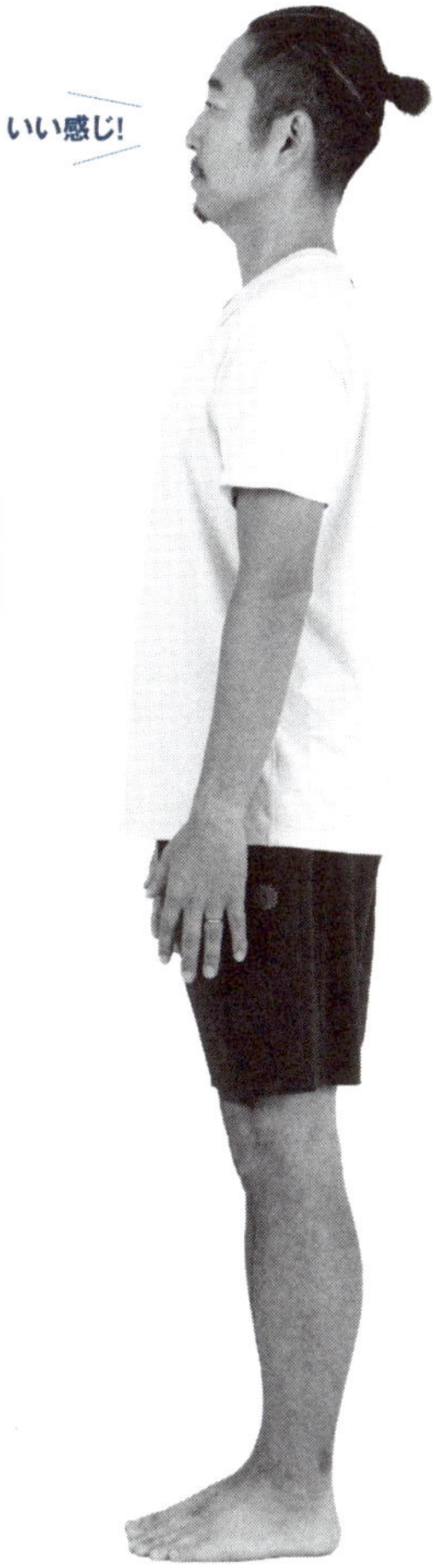

正しい姿勢

人体の構造的に正しい「立って行う」腹筋トレーニング

もう一つ、今までの腹筋とは「ちょっと違う」ポイントがあります。

逆腹筋は「立って行う」という点です。

カツオやマグロなどの回遊魚を思い浮かべてください。海を泳ぎ続ける彼らは「泳ぐ」という動作を繰り返すことで、彼らにとって必要な筋肉がつき、引き締まった体になっています。

人間も同じです。直立姿勢で必要とされる腹筋群のトレーニングは、直立の姿勢で行ったほうが必要な筋肉や機能性を手に入れることができます。

逆に言えば、人間が座ったり寝たりした姿勢で腹筋運動をすることは、魚を立たせて筋トレさせるのと同じことです。

寝て行う腹筋で狙った筋肉を筋肥大させることはできますが、機能的かつ快適な体作りという観点では意味がありません。

機能的な腹筋と体を手に入れるなら、直立姿勢で腹筋を鍛えることが、人体の構造的にも理にかなっています。

圧倒的にメリットが多い点も、逆腹筋をおすすめする理由です。

この1種目だけで、たくさんの筋肉が鍛えられるし、お腹だけでなく胸まで伸びて広がります。しかも、やっていてツラくないし疲れにくい。続けることで筋力だけでなく腹筋の柔軟性も高まり、呼吸機能がよくなり、前かがみになりがちな姿勢がニュートラル（本来あるべき姿勢）に整います。

腹筋運動なのに、姿勢まで整ってしまうのです！

あなたがもし、「お腹をうすくしたい」のであれば、上体起こし運動やプランクは必要ありません。そして、上体起こし運動や足上げ腹筋のような「お腹をつぶす（縮める）」のではなく、「伸ばす」腹筋運動、「逆腹筋」だけ続けてください。

シュッとしたお腹はもちろん、日常生活を快適に過ごす幸せまで得られます。

では、次項から逆腹筋に秘められたメカニズムや効果を、一つ一つ解説していきましょう。

逆腹筋はスゴイ①
確実にお腹が凹む

まず、鏡の前に立って、体を動かしてみましょう。

両手を組み、その手を返しながら、頭上に腕を伸ばします。それからグーンと、お腹を上下に引き伸ばすイメージで、全身で伸び上がってみましょう。

どうでしょう？　**お腹まわりの脂肪の量は変わらないのに、鏡に映るあなたのお腹は、一回りも二回りも細くなっていませんか？**

これを私は「お腹のチューブ効果」と呼んでいます。

例えば、歯磨き粉やマヨネーズなど、チューブ型の容器の下部を手でギュッとつかむと、内容物が上に移動しますよね。

逆腹筋を行うと、人間のお腹で同様のことが起きるのです。

うすくなるのは、お腹のチューブ効果により、胸郭が持ち上がるからです。お腹が押され、行き場のなくなった内臓が上に持ち上がることで胸郭が引き上がるため、腹囲がサイズダウンするのです。

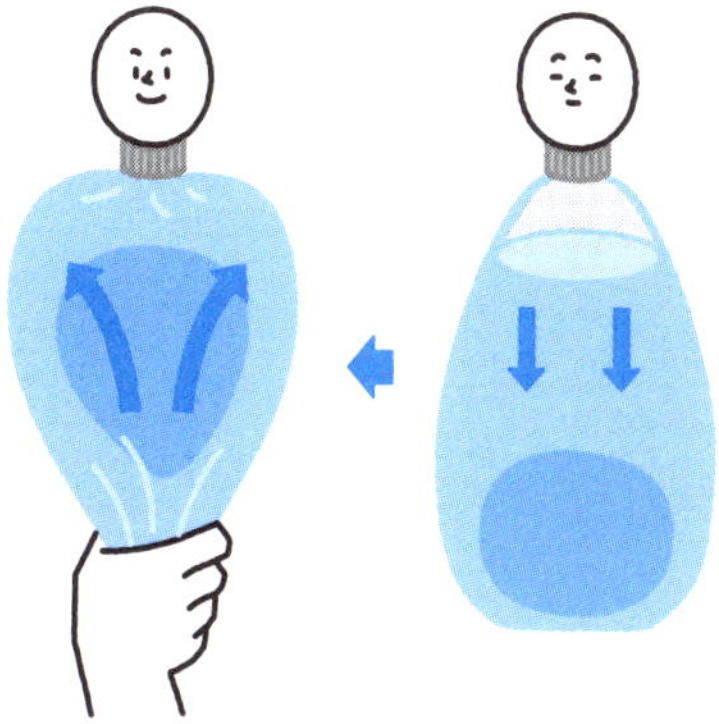

逆にお腹が出てしまうのは、腹横筋や腹斜筋（P.52〜53）が十分に機能しないため、落ちてきた胸郭に押しつぶされた内臓が行き場を失い、ぽっこりと前に飛び出したのが根本原因。つまり、お腹の形は、ほぼ姿勢で決まります。

今回、本書を書くにあたり、11人のモニターの方を対象に、直立で腕を下ろした状態とバンザイの姿勢で最大に伸びた状態をやっていただき、どれだけ腹囲が変わるのかを計測。その結果、**最高で腹囲が7㎝もサイズダウンする結果が得られました。**

この腹部の引き込みは無意識です。すべての人が、伸びることだけに集中しており、お腹を意識して締めようとはしていません。

また、胸郭もバンザイ姿勢で6㎝も拡張しました。つまり、腹横筋は胸郭を開いて体を上に引き上げるシステムとして、内臓を押し込む働きをする（チューブ効果）ということです。

腹筋を続けることで、自らのお腹をキュッと引き上げる筋力が鍛えられます。つまり、苦しい食事制限や有酸素運動をしなくても、逆腹筋を続けていくだけで、腹囲が7㎝もサイズダウンする可能性があるのです。

前かがみ姿勢を正し、胸を開いて、頭を正しい位置に戻す。これだけで、お腹をうすくする腹横筋や腹斜筋が自然と機能し始めます。逆腹筋は、忠実にこの動きを再現。人間として当たり前に起こるメカニズムだからこそ、逆腹筋は確実にお腹を凹ませることができるのです。

最大バンザイ姿勢と下垂体の腹囲と胸囲の比較

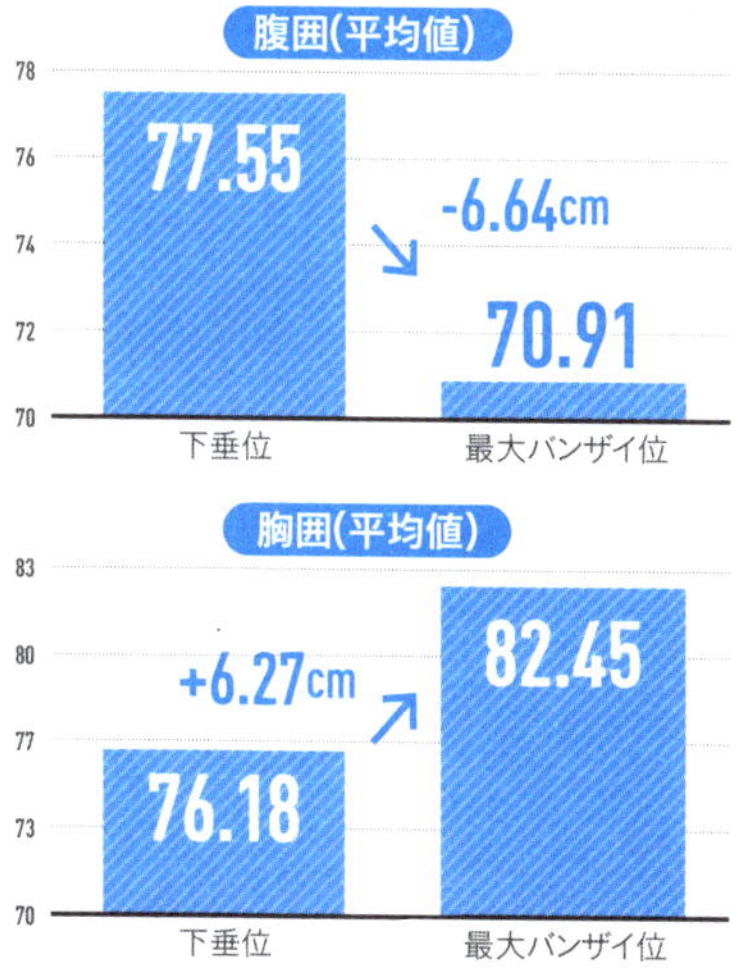

モニターは11名、年齢平均43.9歳(30-54)、男性4名、女性7名、身長平均165.7cm(152-187)、体重平均58kg(44-87)、BMI平均21.3(19.04-24.88)。①腕を下垂した状態と②最大バンザイ姿勢(逆腹筋)の数値を比較すると、腹囲①-②=6.64cm、縮小、胸囲は②-①=6.27cm、拡大した。腹囲の縮小は最大-7cm。また、胸郭が拡大したのは、腹横筋が体を上に引き上げる際に働き、胸部を開いて内臓を押し込む働きをしたためと考える。

逆腹筋はスゴイ②
一度にたくさんの筋肉を鍛えられる

「腹筋」とは、腹部にある四つの筋肉で構成される「腹筋群」を指します。

まず、お腹の前面を縦に走る「腹直筋」。そして、脇から下腹部にかけて斜めに走る「腹斜筋」。この腹斜筋は「外腹斜筋」と外腹斜筋に覆われるように位置する「内腹斜筋」に分かれます。そして最後に、肋骨と骨盤の間をグルリと囲うように位置する「腹横筋」です。

これらの四つの筋肉は重なり合って存在し、背骨と骨盤、肋骨についています。

スタイルアップや日常動作に欠かせない! 四つの腹筋

外腹斜筋・内腹斜筋

脇から下腹部を包み込むように斜めに走る筋肉で、くびれ作りや下腹部を引き締めるには欠かせない。内腹斜筋(図右)、外腹斜筋(図左)の深層に、腹横筋がある。日常動作やスポーツの際の体をひねる動きを生むほか、腕の動きに関与したり、腹圧を高めたり姿勢を維持したりする。

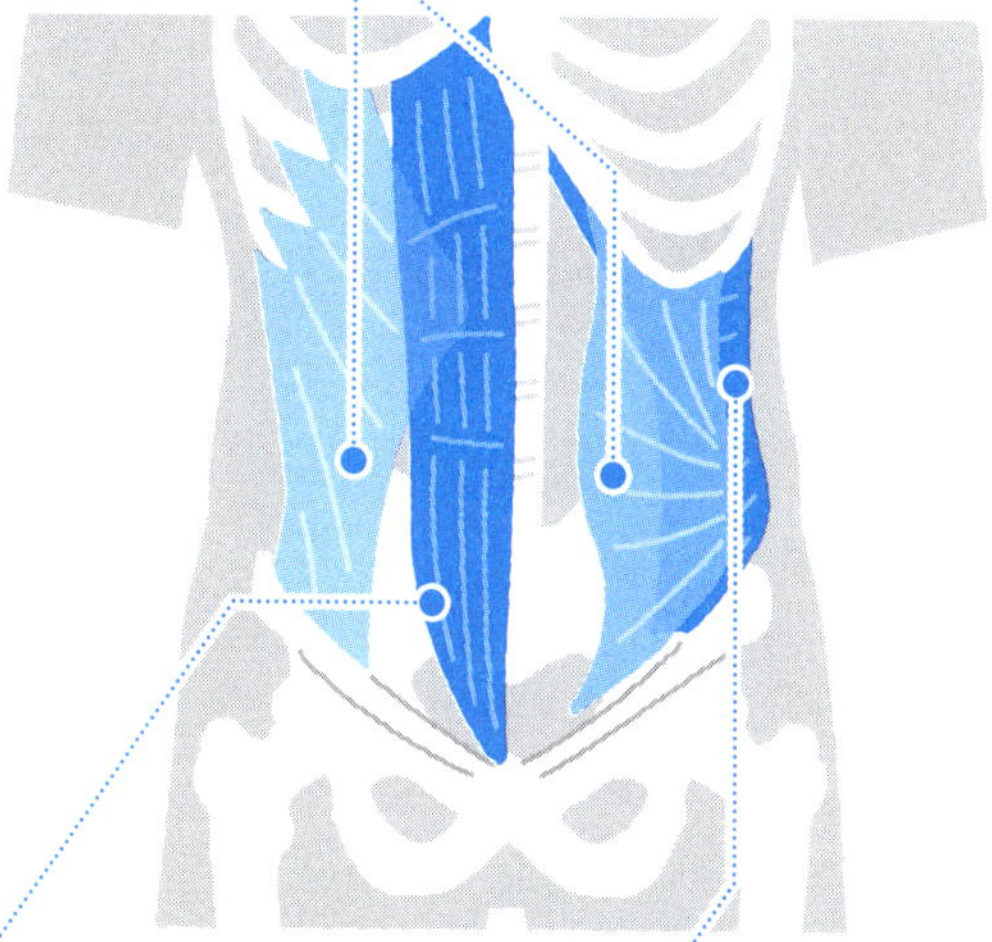

腹直筋

シックスパックを形成する筋肉。肋骨と骨盤を近づけて、あお向けから上体を起こしたり、直立の姿勢で後ろに倒れないよう引っ張り起こしたりしてくれる。腹圧を高めるほか、重いものを押す、脚の大きな動きを支えるときなどに働く。

腹横筋

お腹の深層部にあり、肋骨と骨盤の間をグルリと囲うように走る"天然のコルセット"。お腹から意図的に息を吐くときに、お腹を周囲から締めるように働く。内外腹斜筋と一緒に、腹圧を高める作用がある。

なかでも、**お腹をうすくする役目を担うのは、腹横筋と腹斜筋です。**

腹横筋は肋骨と骨盤の間の骨のないエリアをコルセットのように引き締めます。そして腹斜筋はお腹を引き上げると伸び、ウエストラインから下腹部をギュッと絞り上げてうすくします。

逆腹筋は自分の上半身を重りにした自重トレーニングです。後ろにそった上半身の重みで体がバタンと倒れないよう、腹筋の力で上半身を支えます。このとき、筋肉が伸びながら力を発揮することで、腹筋群を総合的に鍛えます。

一方、多くの腹筋運動は主に一つの筋肉に強い負荷をかけて鍛え上げますから、鍛えられる筋肉は腹筋群のなかでも一つだけ。

代表的な種目で言うと、上体起こし運動や足上げ腹筋、プランクは主に腹直筋。ツイストしながらの上体起こし運動や脚を下ろす腹筋は腹斜筋、という具合です。

しかし逆腹筋で鍛えられるのは、腹筋群だけではありません。アウターマッスル（表層の筋肉）から体の基盤となるインナーマッスル（深層の筋肉）まで、腹筋はもちろん脊柱起立筋《せきちゅうきりつ》、前鋸筋《ぜんきょ》、腸腰筋《ちょうよう》、多裂筋《たれつ》とたくさんの筋肉をまとめて刺激。これにより、

逆腹筋で鍛えられる主な筋肉一覧

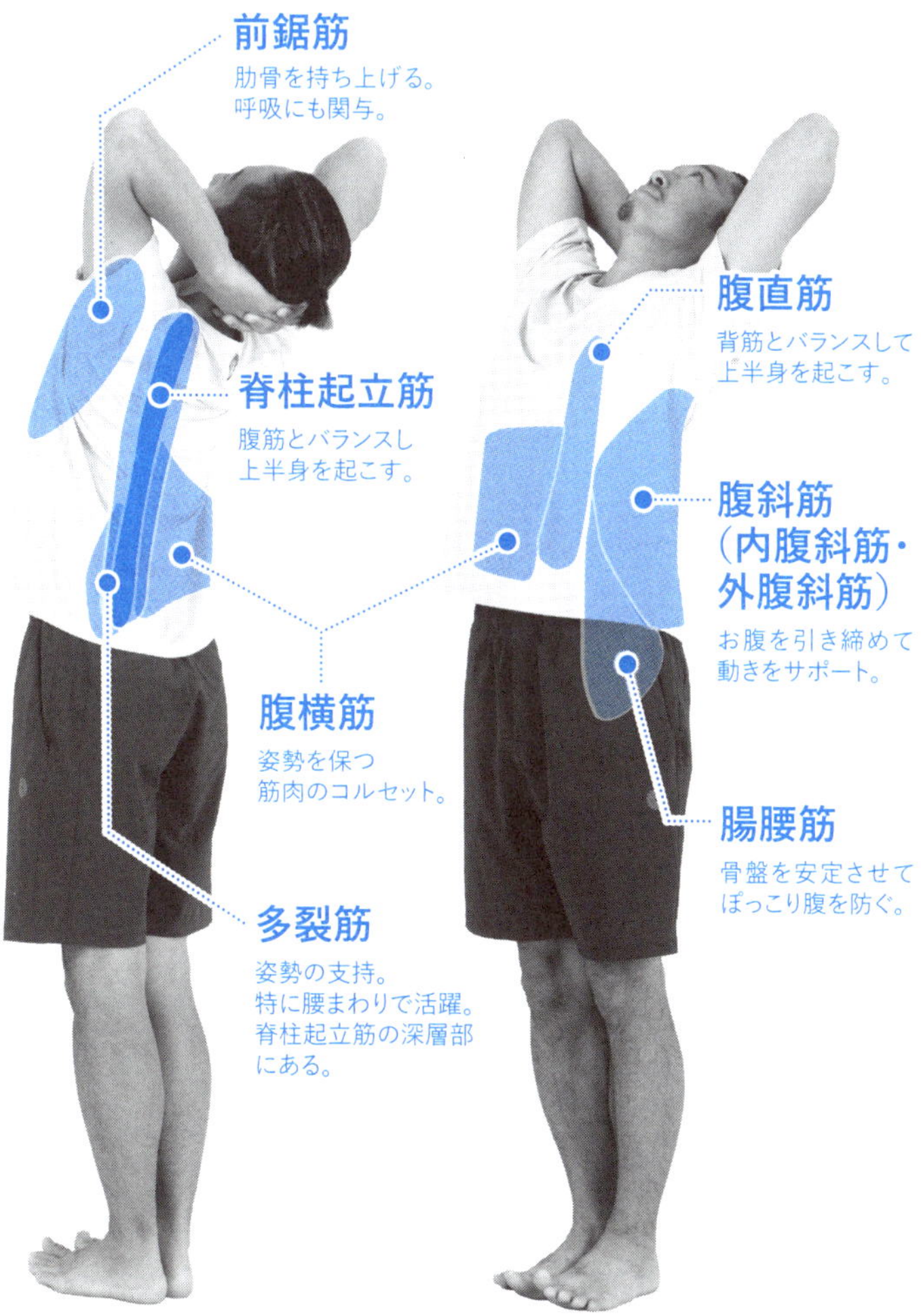
前鋸筋
肋骨を持ち上げる。
呼吸にも関与。
脊柱起立筋
腹筋とバランスし
上半身を起こす。
腹横筋
姿勢を保つ
筋肉のコルセット。
多裂筋
姿勢の支持。
特に腰まわりで活躍。
脊柱起立筋の深層部
にある。
腹直筋
背筋とバランスして
上半身を起こす。
腹斜筋
（内腹斜筋・
外腹斜筋）
お腹を引き締めて
動きをサポート。
腸腰筋
骨盤を安定させて
ぽっこり腹を防ぐ。

前かがみ姿勢によって衰えてしまった腹筋群が再び働くようになります。
さらに、前かがみ姿勢で弱体化した背筋まで鍛えられます。姿勢を支える全身の抗重力筋をバランスよく鍛えられるのは、逆腹筋の大きな長所です。

お腹が使えるようになれば、自然と姿勢もよくなる。姿勢がよくなれば、もうお腹がぽっこり飛び出すことはありません。

しかも、前かがみ姿勢で使われなくなっていたたくさんの筋肉が働くようになります。より多くの筋肉が働けば、体を動かすこともラクになります。結果、運動量まで自然に増えていく。そうなれば、一生太らない体も手に入れられるかもしれません。

全身の抗重力筋をバランスよく鍛えれば、バレリーナのような姿勢も夢ではありません。

逆腹筋はスゴイ③ 上体起こし運動の3倍ラクにできる

逆腹筋のいいところは、何と言っても、シットアップやプランクの何倍もラクに、お腹を鍛えられる点です。

以前、モニターさんに逆腹筋のほか、上体起こし運動、プランクと代表的な腹筋運動をしてもらい、それぞれの疲労感を比較調査しました。

その結果、逆腹筋で感じる疲労感はほかの腹筋運動の約3分の1であることがわかりました（P.58）。

誰もが「腹筋＝キツイ、苦しい」というイメージを持っていると思います（実際、キツイのですが！）。ところが逆腹筋は、驚くほどラクに腹筋を鍛えられます。

なぜなら、逆腹筋は脳がストレスを感じないトレーニングだからです。

まず、逆腹筋は自分の上半身を重りにした自重トレーニングです。上半身を後ろにそらせたとき、体が後ろに倒れないように腹筋がギューッと伸びながらこらえ、重い頭や上半身を支えます。

このとき、お腹を引き締めるあらゆる腹筋に力が入ります。

しかも、腹筋は縮める負荷よりも伸びる負荷がかかったとき、**脳は「ツライ、キツイ」とほとんど感じません。**なぜなら、腹筋の「伸びる」という収縮様式は自動的（オートマティック）なので**意志の力を必要としない**からです。

腹筋は、重力に対抗し直立姿勢を維持するために備わった筋肉です。ですから、後ろにそったときに倒れないよう、筋肉を伸ばして重力に抵抗することは得意中の得意です。

一方、上体起こし運動などの求心性収縮の筋トレは、腹筋が得意な「伸びる」動きとは逆の「縮める」動きを行います。そのため、腹筋を縮めるときは「エイヤッ！」と力技で動かす意識が必要です。

これが脳のストレスになり「ツライ」「無理」というネガティブな感情につながります。

主な腹筋運動の体感と効果の比較

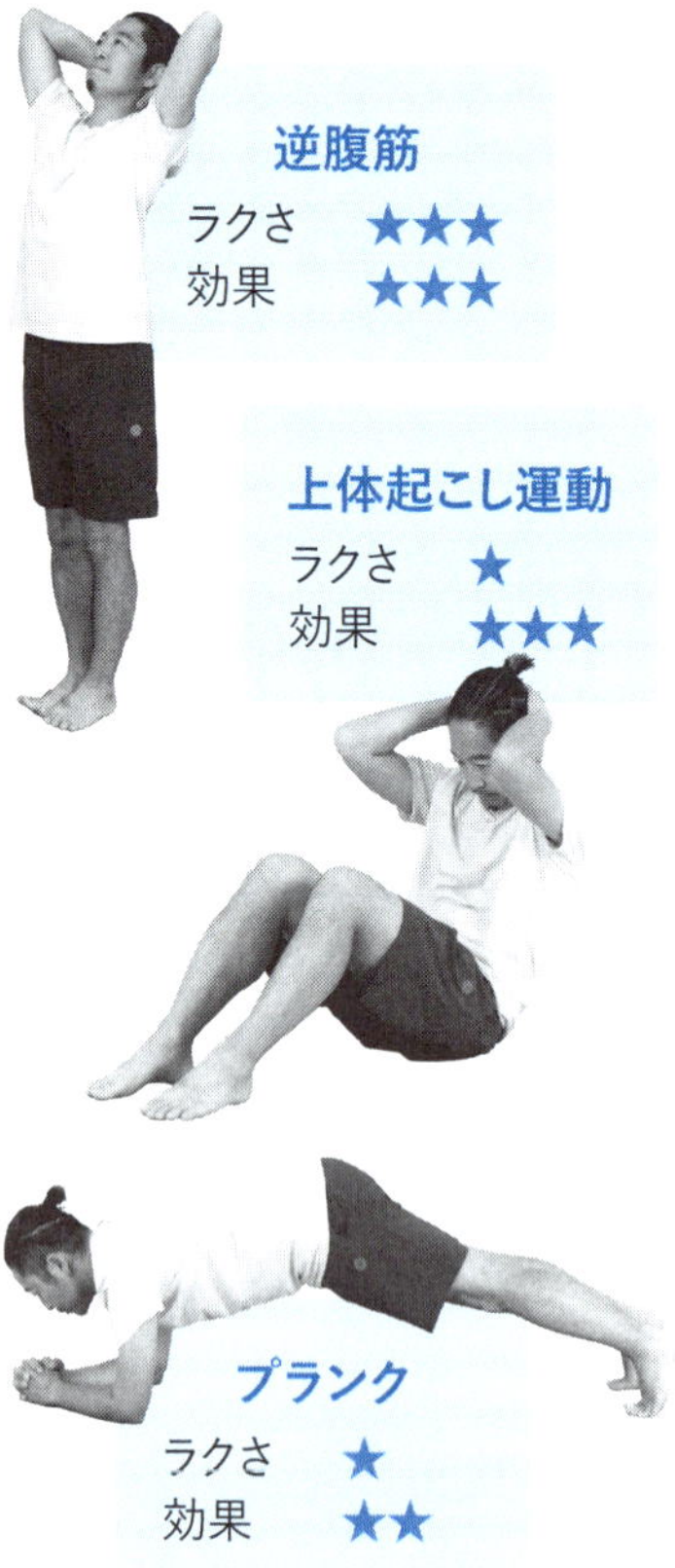

代表的な腹筋運動で効果（腹直筋の硬さ※1）と疲労感（VAS※2）を調査し、指数化。逆腹筋（遠心性収縮）、上体起こし運動（求心性収縮）、プランク（等尺性収縮）と比較。被験者は11人。

※1　ここでいう効果とは、筋硬度計によって計った腹直筋の硬さのこと。靭帯等の影響も受けているが、おおむね筋肉にかかる負荷の大きさを表していると考えられる。

※2　VAS（Visual Analog Scale）は、左端を0、右端を10とした10㎝の直線上で、運動によって感じる疲労感を評価する方法。

※ただし、各エクササイズは環境が異なるため、同一の負荷として考えることは難しい。

そもそも、脳にストレスをかけて腹筋運動を行う必要があるのでしょうか?「いやいや、キツイ、苦しいのは筋肉に効いている証拠でしょう!」という声が聞こえてきそうです。

そう思われた方は、**ぜひ、逆腹筋の最中にお腹を触ってみてください。**硬くなった筋肉を実感できます。しっかり効いている、という証拠ですよね。

確かに、脳にストレスをかけることは「困難な状況に打ち勝つ」ための鍛練になり、苦しさを乗り越えることで精神的な強さを手に入れられます。

ですから、例えばアスリートやボディビルダーなど、日々強いプレッシャーや逆境を乗り越えなければならない人たちにとって、肉体的にハードなトレーニングは必要かもしれません。

経営者にトレーニングをしている方が多いのもそれが理由の一つでしょう。「心を鍛えるために筋トレをやる」という方は、結構多いと思います。

また、自分にとって苦しいトレーニングを行っている以上、「効いている感」が欲しくもなります。実際、「苦しい、ツライ、でも頑張る!」という克己心が、トレーニングを続けるモチベーションになっている人もいるでしょう。

でも、多くの人にとってはきっと、**苦しさやツラさが少ないほうが、三日坊主で終わらず継続できます。**

ラクに、しっかり腹筋を鍛えられる逆腹筋なら、苦手だったはずの腹筋も楽しくなり、習慣化しやすいのではないでしょうか。

逆腹筋は心臓を圧迫しないからラク！

加えて、逆腹筋が「キツイ、苦しい」と感じない理由は「呼吸」と「血圧」にもあります。

筋トレ中はつい力が入ってしまい、呼吸を止めてしまいがちです。呼吸を止めて筋トレをすると血圧が上昇して心臓にかかる負担も大きくなり、ツラくなります。

さらに脳がストレスを感じて交感神経も優位になり、末梢血管が収縮。筋肉への血流が滞り疲労物質が蓄積することで「ツライ」「苦しい」と感じるのです。

縮める腹筋は猫背になり心臓を圧迫します。プランクも腕や体に全体重がかかるので、血圧という側面から心臓への負担は相当なものです。

一方、そる腹筋は胸が広がり心臓の圧迫感がとれるので、**血圧も心拍数も上がらず苦しさを感じません。**

また、逆腹筋はそる動きに合わせて息を吸うので、体内に十分な酸素を取り込めます。その結果、酸欠による呼吸苦を軽減し、体や脳も「ラクにできる！」と感じるのです。

逆腹筋はスゴイ④ 腰を痛めない

背骨を丸く（腰椎《ようつい》を屈曲）して、腹筋を強く収縮するカールアップのような上体を起こす腹筋は、背骨を形成する椎間板の健康を損なう恐れがあることが知られています。

前出（P.33〜34）のスチュワート・マクギル博士の研究にも「シットアップやカールアップ（上体起こし運動）、SLR（脚を上げる運動）などはどれも腰部（腰椎4番／腰椎5番）に圧迫負荷がかかっていた」（※1）という報告があり、その危険性に警鐘を鳴らします。

※1 McGill, "Low back loads over a variety of abdominal exercises: searching for the safest abdominal challenge", Medicine & Science in Sports & Exercise.29:804-811, 1997

なぜ危険なのかというと、その理由は背骨の形態にあります。

背骨は24個の小さな「椎体」という骨が積み重なってできています。椎体と椎体の間には、「椎間板」という柔らかい組織が挟まっており、クッションのような役割を果たしています。そして、背骨の背中側には、「脊柱管」という神経がたくさん通る管が背骨に沿って通っています（P.64）。


背中を丸くした状態で腹筋運動をすると、お腹に力が入った瞬間に腹直筋が肥大し、前から背骨側に向かって、グッと腰椎を押し出します。

すると、少し専門的な話になりますが、背骨を形成する椎体と椎体の間の椎間板が後ろに押し出され、これを繰り返すと椎間板が破綻し、脊柱管を通る神経を締めつけます。**これがヘルニアの原因となり、痛みやしびれが起こる**のです。さらにひどいと、椎間関節が壊れたり背骨が変形したりします。

シットアップ、カールアップなどの上体起こし運動や足上げ腹筋を繰り返すと、このような現象が生じる危険性が高いのです。しかも椎間板を押す圧迫力が、非常に強いことがわかっていますから、これらの腹筋をやり続けると、腰を壊してしまうのです。

腹筋運動で腰を痛める主な原因

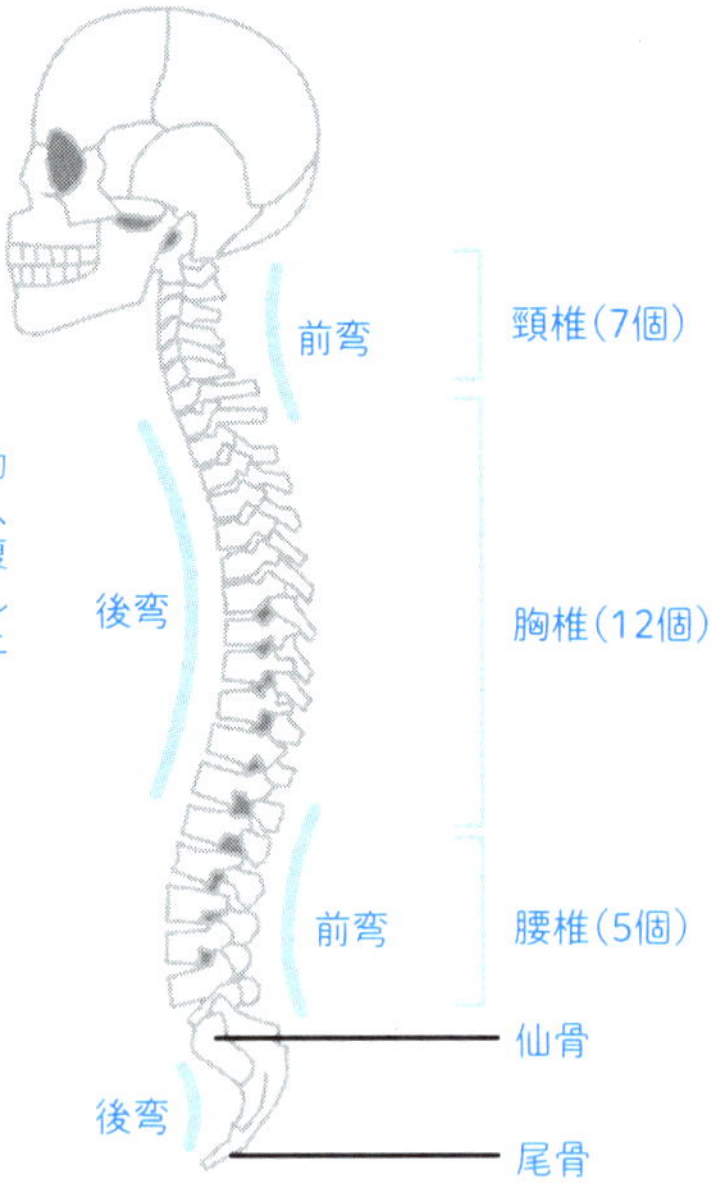

背中を丸くした状態で腹筋運動をすると、お腹に力が入った瞬間、腹直筋が背骨側に向かってお腹の内容物を押し込み、後ろに押し出された椎間板が破綻しヘルニアの原因となる。

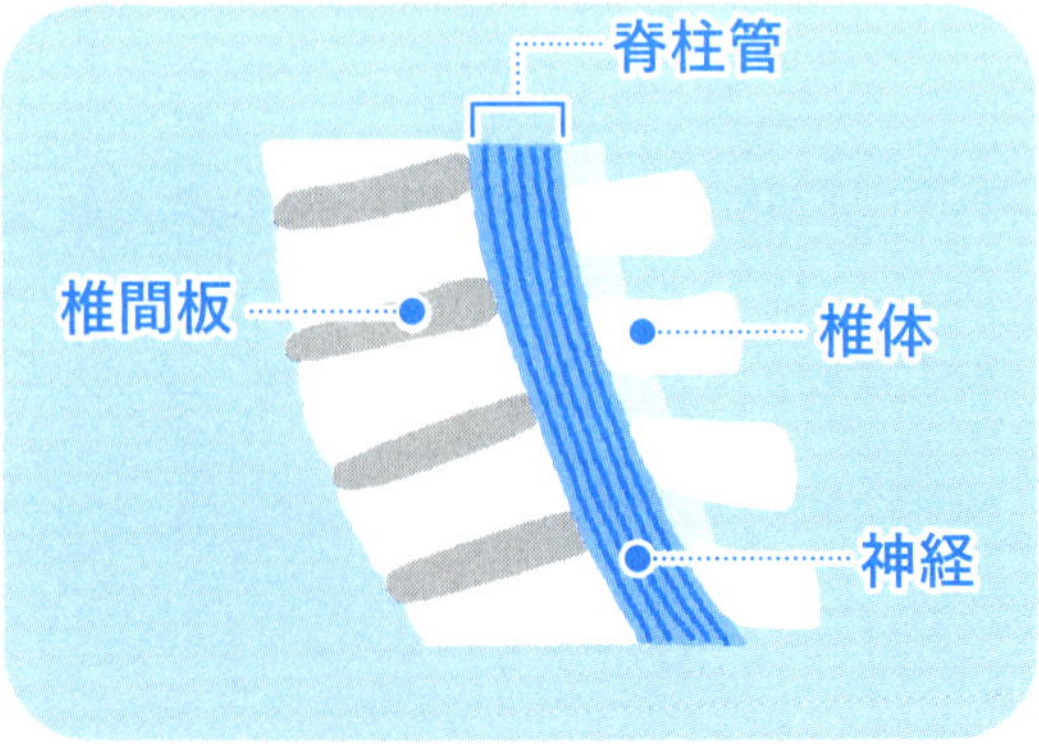

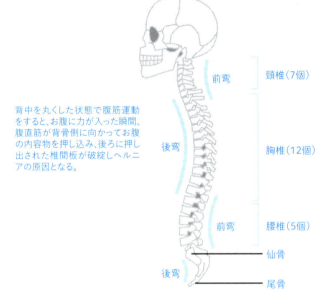

軍人の体をも壊すハイリスクな腹筋

また、「上体起こし運動よりも腰に安全」と言われるプランクも、かなり圧迫力が強いという意外な研究結果が出ました。さらには肩や腕を痛めやすく、上体起こし運動（シットアップ）と同じくらい有害事象は多い、ということがわかりました（※2）。

これはアメリカ軍で行われた研究です。**屈強なイメージの軍人さえ痛める**のですから、やはり基本的な腹筋力がない人や**トレーニング慣れしていない人が行うには注意が必要**だとわかります。

筋肥大を目指す強度の高い筋トレは、どうしてもハイリスク・ハイリターンになります。

多くの研究者が報告しているとおり、腰や肩、腕などを故障するリスクが非常に高くなります。それこそ、「腰痛持ちの人は、腹筋を鍛えたほうがいいらしい」と、腰の弱い人がいきなり上体起こし運動やプランクにチャレンジすれば、**たった1回で腰を故障する恐れもあります**。

※2 Jhon D. Childs, et al., Effects of Traditional Sit-up Training Versus Core Stabilization Exercises on Short-Term Musculoskeletal Injuries in US Army Soldiers: A Cluster Randomized Trial, Physical Therapy, Vol.90, No.10

逆腹筋は、一見すると腰をそらしているようですが、動かしているのは「胸」です。骨盤は固定されているうえ、お腹が自然に締まっていくので、実は腰は動きません。つまり、上体起こし運動で壊してしまいがちな**腰椎が守られた状態でできます**。

52〜53ページでも触れたように、逆腹筋は腹筋群や背筋、インナーマッスルなどの抗重力筋をまとめて鍛える総合的、機能的なトレーニングです。そのため、一つの筋肉の力だけで動作するカールアップや足上げ腹筋と比べると感じる負荷は弱くなります。

筋肉だけでなく腱組織などにも頼るため、1回で得られる筋肥大の効果はカールアップと比べると下がってしまいます。

しかし、トレーニングの目的は筋肥大だけではありません。逆腹筋を毎日続けていれば、引き締まったお腹と日常生活を送るうえで何ら問題ない腹筋力は手に入ります。

マッチョな体に憧れる気持ちや、1日も早く筋肉で引き締まった体を手に入れたくて焦る気持ちは理解できます。しかし、自分さえ支えられない体で強度の高い筋トレをするのは、柱のない家を建てるようなものです。

ちなみに構造的にはすべての人の腹筋はシックスパックであり、**逆腹筋でお腹をうすく伸ばしたり、ダイエットをして脂肪を減らしたりすることで、腹筋が割れる**

可能性があります。筋肉の大きさよりも、脂肪が覆っているかどうかのほうが見た目の影響は大きいのです。

今、お腹の力が足りない人は、まずは逆腹筋で体の基礎を作りましょう。そのうえで、筋肥大を目的とした筋トレにチャレンジすることを、体の専門家としておすすめします。まずはローリスクな逆腹筋から、始めてみませんか?

逆腹筋はスゴイ⑤ アンチエイジングになる

円背《えんぱい》という言葉を聞いたことがありますか?

「猫背」の発展形のようなものです。若いころにはしなやかだった背骨が加齢とともに変形し、前に倒れたまま固まった状態を指します。

円背は多くの場合、猫背姿勢の習慣によって進行します。若いころの猫背であれば、本人の意識次第でニュートラルな姿勢に修正できますが、高齢になって円背になるとそうはいきません。骨の変形ですから、胸を開くこともお腹を伸ばすこともできなくなります。

円背の主な原因は、ずばり老化です。姿勢を支える腹筋や背筋が衰えることで、体が重力に負けてしまい、背骨（胸椎）が前に倒れて円背を引き起こします。

円背になると、体に老化現象が強く現れるようになります。例えば胸がつぶれるので呼吸が苦しくなるうえ、常に酸欠状態になり、疲れやすくなります。また、転倒もしやすく、実は誤嚥《ごえん》を引き起こす要因にもなります。さらには、背骨がつぶれて圧迫骨折をするリスクも高まるのです。

姿勢が悪いことをあまり深刻に捉えていない方も多いと思いますが、このように**腹筋や背筋が重力に抗えなくなると、健康を損なうリスクがグンと上がります。**ですから「もしかして年をとったら自分も、腰や背中が丸くなってしまうかもしれない」と、これを機にイメージしてほしいと思うのです。

円背の予防に効果的なトレーニングが、逆腹筋です。

逆腹筋は、腹筋だけでなく背筋、インナーマッスルも含めた姿勢維持に必要な筋肉を総合的に鍛えつつ、健康的な姿勢を形状記憶することができます。特に完全版では背骨まわりのあらゆる筋肉を使い、姿勢の大黒柱である背骨を、さまざまな方向に動かしていくため非常に効果的です。

曲がった背中でとぼとぼと歩く姿は、それだけで実年齢より年をとって見えます。逆に、お腹がうすくスッと伸び胸が開いている姿勢は、若々しい。逆腹筋で姿勢をニュートラルにした瞬間から、今よりもずっと若くはつらつとした姿に変わります。

長年、猫背の状態を放置していると誰でも円背になる恐れがあります。ですから、猫背の人はもちろん、そうでない人も、逆腹筋でこまめに猫背のリセットを。結果、猫背の進行を止めるだけでなく、ニュートラルな姿勢を取り戻すことができます。さらには、エイジングの時間を巻き戻すことも可能です。


世界的なヨガの指導者の1人に、近代ヨガを西洋で広めたB・K・S・アイアンガーという方がいます。この方は95歳で亡くなりましたが、90歳を超えてもヨガを日課にし、非常に姿勢がよく、胸の位置も高く開いており、威厳がありました。

また、バレエでは体を上へ上へと伸ばす姿勢が基本ですが、元バレエダンサーの方は70代、80代になっても背すじがスラリと伸び、美しい姿勢を維持されている方はたくさんいらっしゃいます。そして、現役でバレエ教室で生徒さんを教えている方も珍しくありません。つまり**「年をとったら背中や腰が曲がるのは仕方がない」とあきらめる必要はないのです。**

骨が変形したり、筋肉が萎縮したりしてしまったら、もう簡単にニュートラルな姿勢に戻ることはできません。ぜひ、今この瞬間から逆腹筋習慣をスタートしましょう。

逆腹筋はスゴイ⑥
「猫背」「そり腰」「巻き肩」を一発解消する

腹筋運動なのに、全身のアライメント（骨格を形成する骨の並び）をニュートラル・ポジションに戻してくれる。これもほかの腹筋運動にはない逆腹筋のスゴイところです。

ニュートラル・ポジションとは、人間本来の整ったアライメントの状態です。横から見たときに、耳、肩口、大転子《だいてんし》、くるぶしが一直線上にあるのが一つの目安になります。

また、あお向けになったときに、床と腰のカーブの間に、手のひらの厚み程度のすき間ができるかどうかも、アライメントをチェックする方法の一つ。

骨盤が後傾しているとすき間がほとんどなく、腰が床にベタっとついてしまう人もいます。逆にそり腰の人は腰のカーブが大きく、大きなすき間ができてしまいます。

逆腹筋は、あの独特の姿勢をとるだけでアライメントが整うよう設計しています。行った瞬間から猫背、そり腰、巻き肩といった姿勢のゆがみをリセット。「正しいアライメント」に導きます。

今ある前かがみ姿勢も日々の積み重ねの結果です。同様に、そる腹筋を毎日、継続することで、誰もがニュートラル・ポジションに戻すことが可能です。

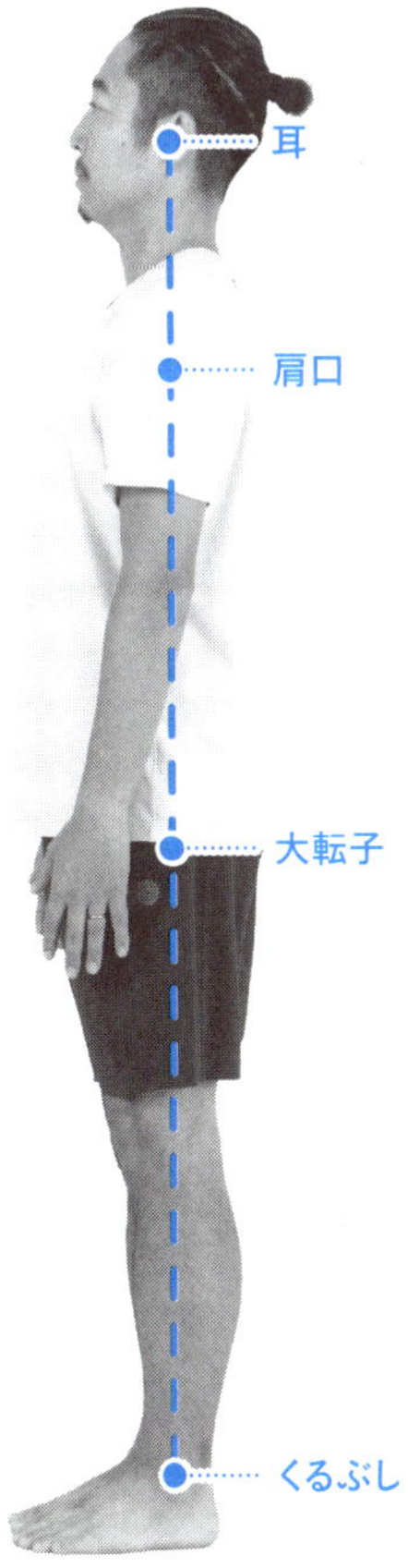

逆腹筋コラム ❶

お腹は柔らかいほうがいい

「ぷよぷよのお腹はイヤ」「ぜい肉のない引き締まったお腹になりたい」という方は多いと思いますが、常にカチカチに硬いお腹は不健康の証。なぜなら人の体はリラックスすると、正常な反応としてお腹がゆるむからです。

お腹をゆるめたり固めたりすると、全身の機能を司る自律神経のスイッチが切り替わります。ゆるめると「リラックスの神経」である副交感神経が優位に、固めると「緊張の神経」といわれる交感神経が優位になります。交感神経が優位になると末梢循環が悪くなり、代謝や内臓の働きが低下。消化不良や便秘、月経不順の要因になります。

また、ネガティブな感情が生まれるとお腹が硬くなります。赤ちゃんや子どもの反応がわかりやすいのですが、彼らは体が健やかで心が安心しているときはお腹を触ると柔らかい。逆にストレスや恐怖を感じているときは、カチカチに硬くなります。

人間は本来の正しい姿勢で過ごしていれば、どこにも余計な力が入りません。つまり、お腹の筋肉も力みなく柔らかい状態が理想的。使うときにはしっかりと硬くなり、ふだんはフワフワと柔らかく、しかし見た目はすっきりしている。そんなメリハリのあるお腹を目指したいですね。

chapter

実践

2

ここまで詳しいのは世界初!? 逆腹筋のやり方徹底解説

逆腹筋の本質は「お腹を伸ばして」「胸をそらす」

この章ではいよいよ、逆腹筋を実際に行っていきます。

多くの方は「上体起こし運動やプランクをやれば、ギュッとお腹が引き締まって細くなる」と考えていますが、それは違います。**うすいお腹を手に入れるために筋トレの何十倍も重要なことは、まず「胸郭《きょうかく》（胸椎、肋骨《ろっこつ》、胸骨で構成された体幹上部の骨格）を上げる」ことです。**

そこから胸をそらせることで、腹筋に遠心性収縮が起こります。あとは簡単です。姿勢を戻したあともしばらく、胸郭が上がってお腹がうすい状態をキープすればよいのです。

しかし、胸郭を上げるには胸が柔らかくなければなりません。逆腹筋を始める前に、胸を柔らかくする準備体操を行いましょう。

逆腹筋では「お腹を伸ばして胸をそる」という動きが重要です。ところが、**胸の筋肉・大胸筋《だいきょう》が硬いと、「そる」動きが制限**されます。

猫背や前かがみの姿勢が染みついている人は、ふだんから胸が閉じているため、大胸筋、小胸筋が縮んで硬くなっています。胸をしっかり開いてそることができないと、腰でそって痛めてしまうばかりか、**逆腹筋本来の効果を得られません。準備段階でしっかり胸をほぐしましょう**。

慣れたらこの準備運動を省いてもよいのですが、まずは一度やってみてください。

また、柔らかい胸を保つことは、良い姿勢の維持や健康を保つうえでも非常に重要です。この体操は逆腹筋の前に限らず、毎日のすき間時間、例えばデスクワークや家事の合間などに、まめに取り入れることをおすすめします。

大胸筋を柔らかくする逆腹筋の準備体操

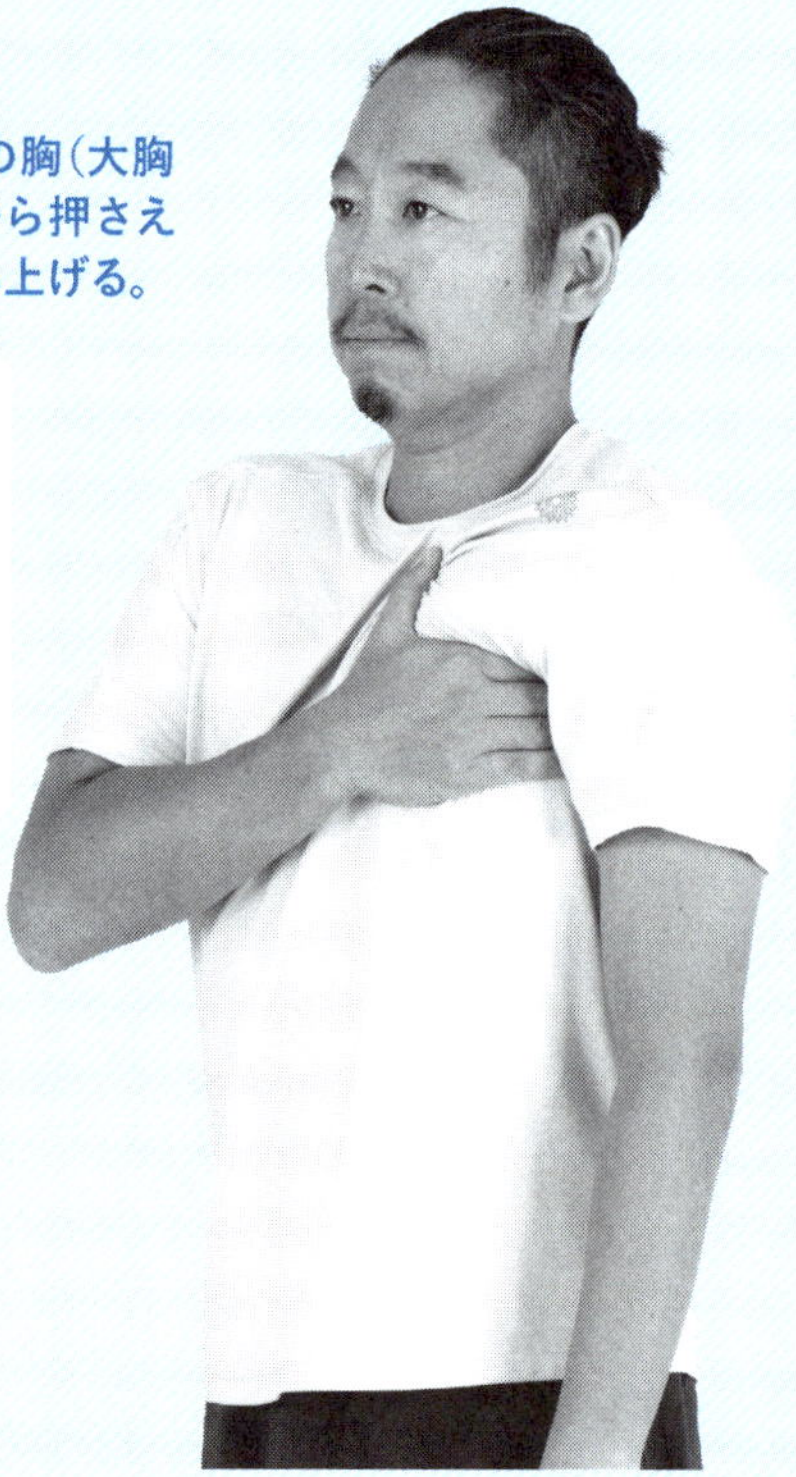

右手で左の胸（大胸筋）を下から押さえながら持ち上げる。

左ひじを曲げて、ひじで大きく円を描くように、後ろ回し、前回しを各3〜5回行う。

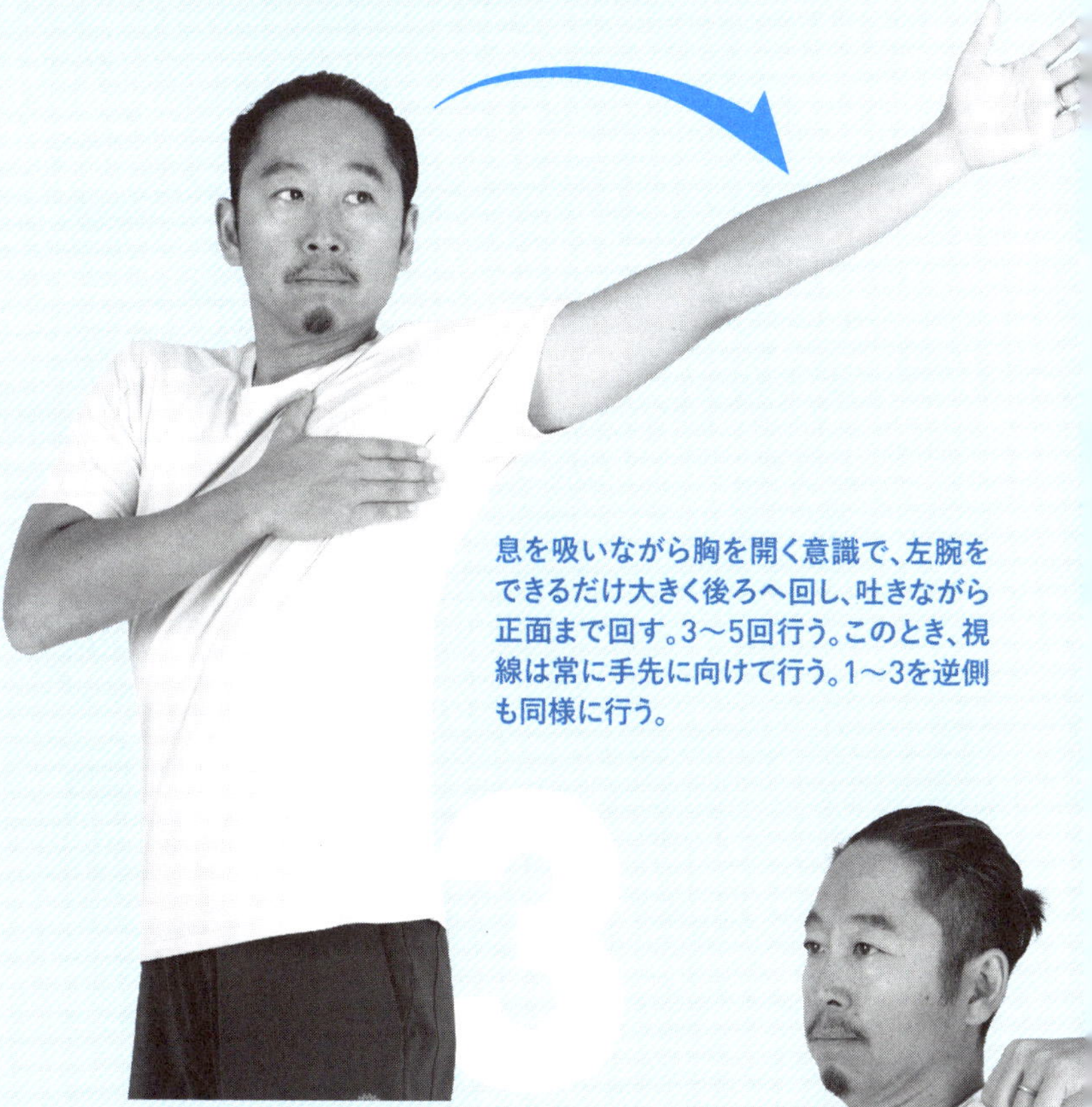

息を吸いながら胸を開く意識で、左腕をできるだけ大きく後ろへ回し、吐きながら正面まで回す。3〜5回行う。このとき、視線は常に手先に向けて行う。1〜3を逆側も同様に行う。

3

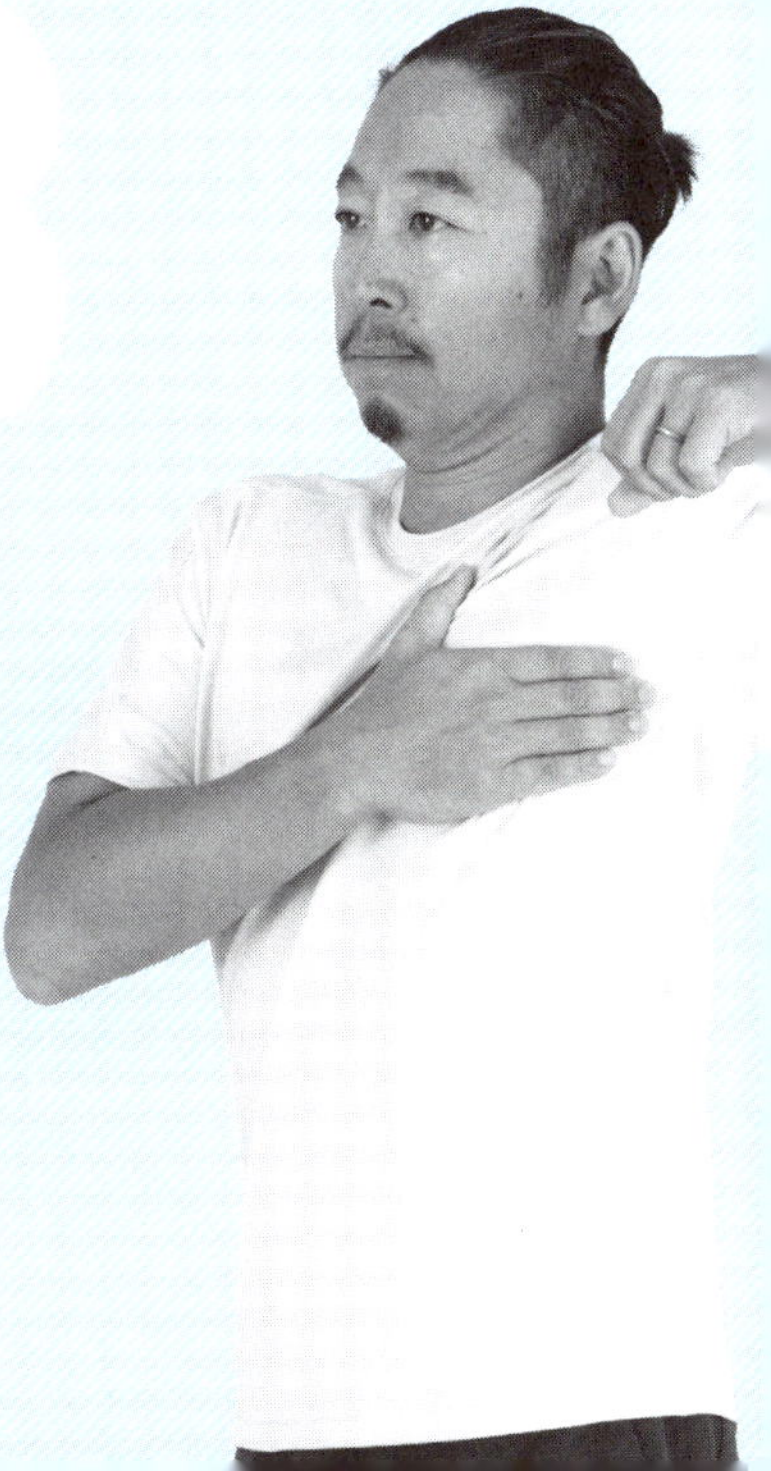

「腹筋運動の新標準」をいち早くスタートしよう

逆腹筋のやり方〜基本編〜

ここから、逆腹筋の実践に入ります。このトレーニングの効果を上げるための約束事は次の二つです。

- **逆腹筋は1日何回でも行ってよい**
- **終わった直後は、お腹が引き上がった姿勢をしばらく維持する（5〜10分程度）**

逆腹筋の効果を得るいちばんの近道は、毎日の習慣にすることです。ご自身のやりやすい時間に、気づいたら何回でもやってください。

おすすめのタイミングは、起床後、外出前、そして長時間にわたり、同じ姿勢で仕事や作業をしたあとです。

例えばオフィスワーカーでしたら、「出勤時と帰宅時、家や会社から出るタイミングでやろう」と決めておくと、習慣化しやすいと思います。


逆に避けたいのは就寝前です。逆腹筋を行うと、興奮の神経、交感神経にスイッチが入ります。神経が高ぶり、眠れなくなる恐れがあるので、就寝前は避けてください。

逆にシャキッと目覚めたい、活動的に動きたいタイミングで行うのにはピッタリです。


注意事項としては、すべり症（腰椎がずれる病気）の人は症状が悪化するリスクが高いので、骨盤が動かないように特に注意しながら慎重に行う必要があります。**かかりつけ医がいる方は、相談のうえ行ってください。**

基本の逆腹筋

逆腹筋を行うと、お腹がぽっこり出ていない、本来のお腹の状態を体感できます。逆腹筋は一つ一つの動きに意味があります。効果をしっかり得るには、正確に動きを行うことが大切です。

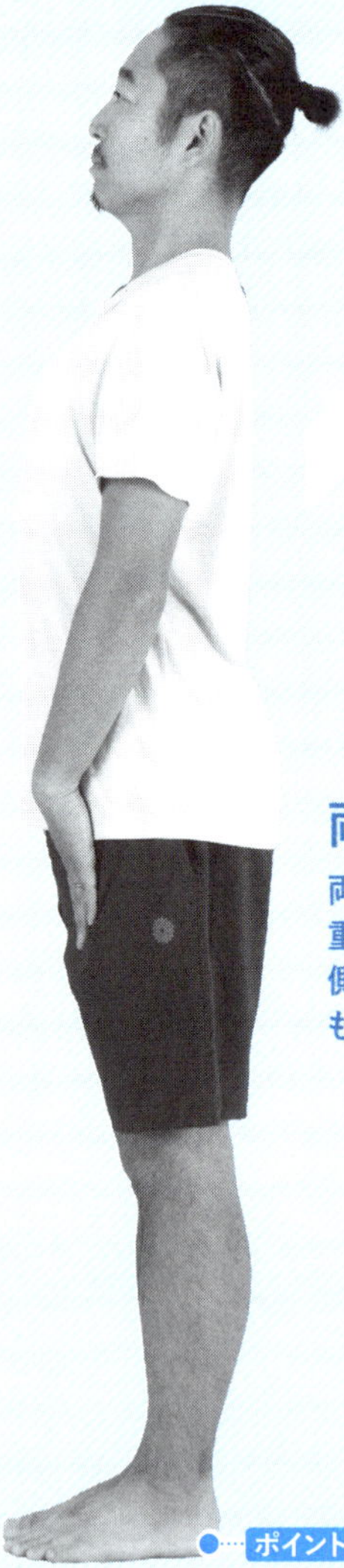

1

両手で太ももを押す

両足を腰幅で平行に開いて立つ。重心はかかとに置く。太ももの前側がゆるむ位置まで、両手で太ももを後ろに押す。

ポイント かかと重心

両足の指を上げる

両手を太ももから離し、脇に自然に下ろす。両足の指をそらせて、床から上げる。

2

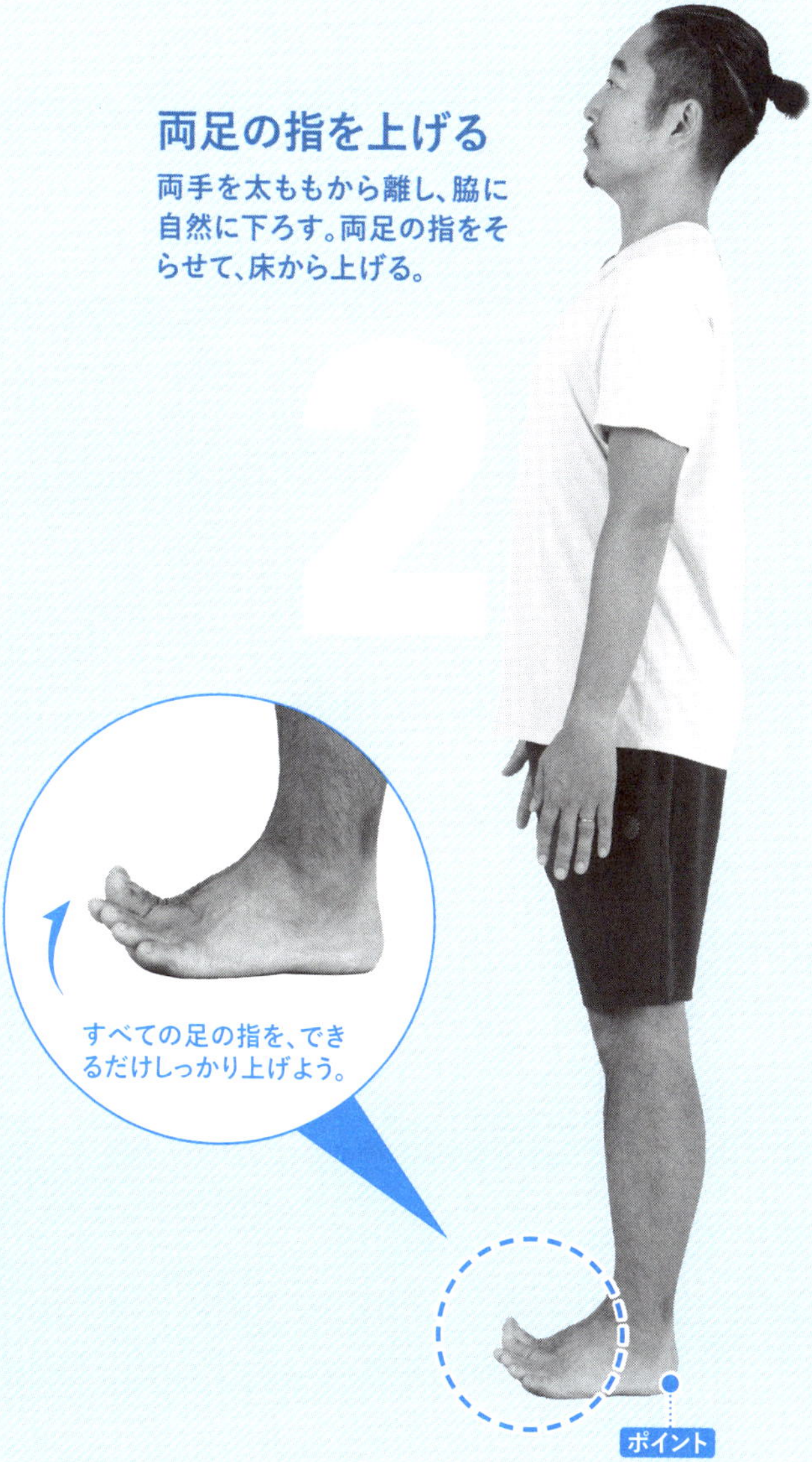
かかと重心をキープ

Next Page

ポイント
両ひじは視界に入る範囲で左右に開く
ポイント
脇の伸びを感じる
かかと重心をキープ

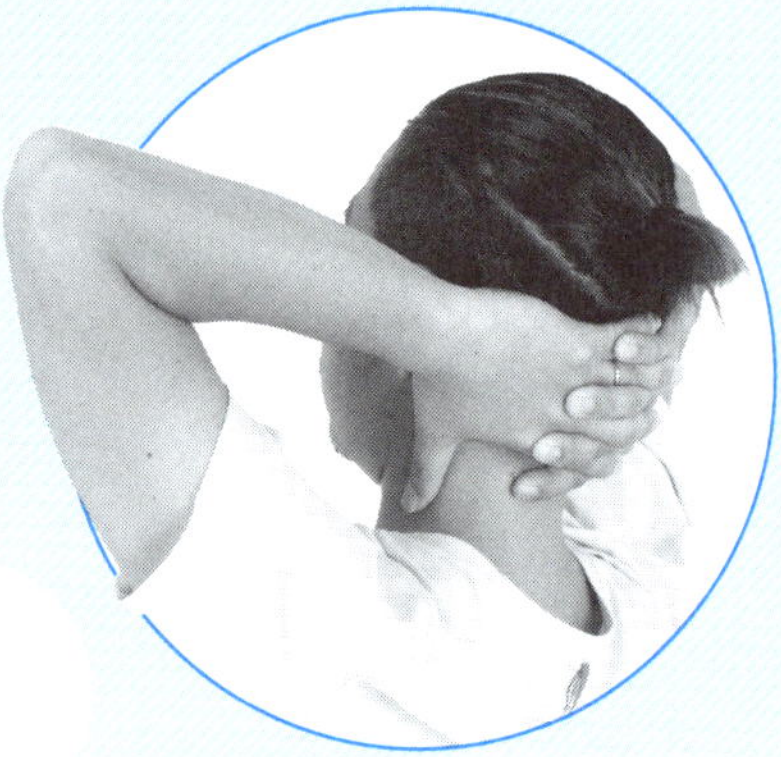

親指は首に添えて、手のひらで後頭部を包み込むように支え持つとよい。

首と後頭部を引っこ抜くように持ち上げる　吐く

頭の後ろで親指を下に向けて両手を組む。両手で首と後頭部を左右から包み、頭を引っこ抜くように両手で持ち上げる。

ポイント
目線は上に向ける

ポイント
胸郭を
持ち上げる

ポイント
頭を引き抜く
イメージで
首を伸ばす

4

視線を上に向けて お腹を伸ばす 吸う

両手で頭を引き抜くように力を入れたまま、息を吸いながら、頭を後ろに少し傾けて、頭頂をできるだけ遠くに伸ばす。このとき、両ひじを天井方向に押し出しながら行うとうまく動ける。2〜5呼吸キープ。

ポイント
かかと重心
をキープ

◀◀◀ Next Page

5

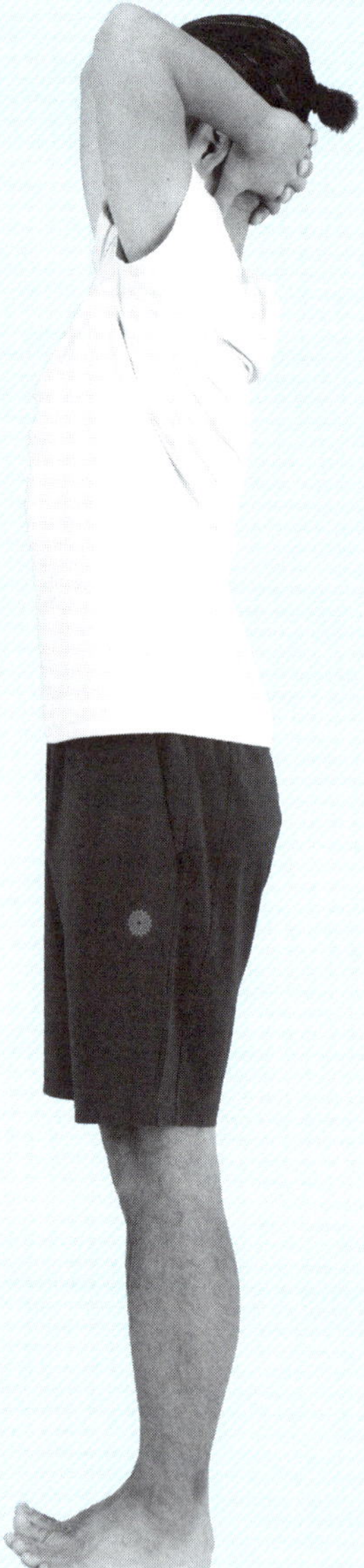

息を吐きながら上半身を元に戻す。1〜5を1〜5回繰り返す

その後、5〜10分は「うすいお腹」「広がった胸」「まっすぐな首」をキープしたまますごす。

NG

腰がそっている

そろうとする気持ちが強すぎてしまい、骨盤を前に出し腰をそらしている。

NG

**ひざが曲がり
お腹が伸びていない**

首がすくむと胸も広がらず、ひざを曲げてそろうとするが、お腹が伸びていかない。

ここまでの
動きはこちら

全動作を徹底解説!
逆腹筋のメカニズム

逆腹筋ではシステマティックに
体を使うことで、
確実に腹筋を鍛えていきます。
そのため、正しく手順を
踏むことが欠かせません。
一つの動作に対して、
体にどんなことが起きているかを知ると、
納得感が高まり、
動きも行いやすくなります。
逆腹筋の手順を追いながら、
一つ一つ、解説していきましょう。

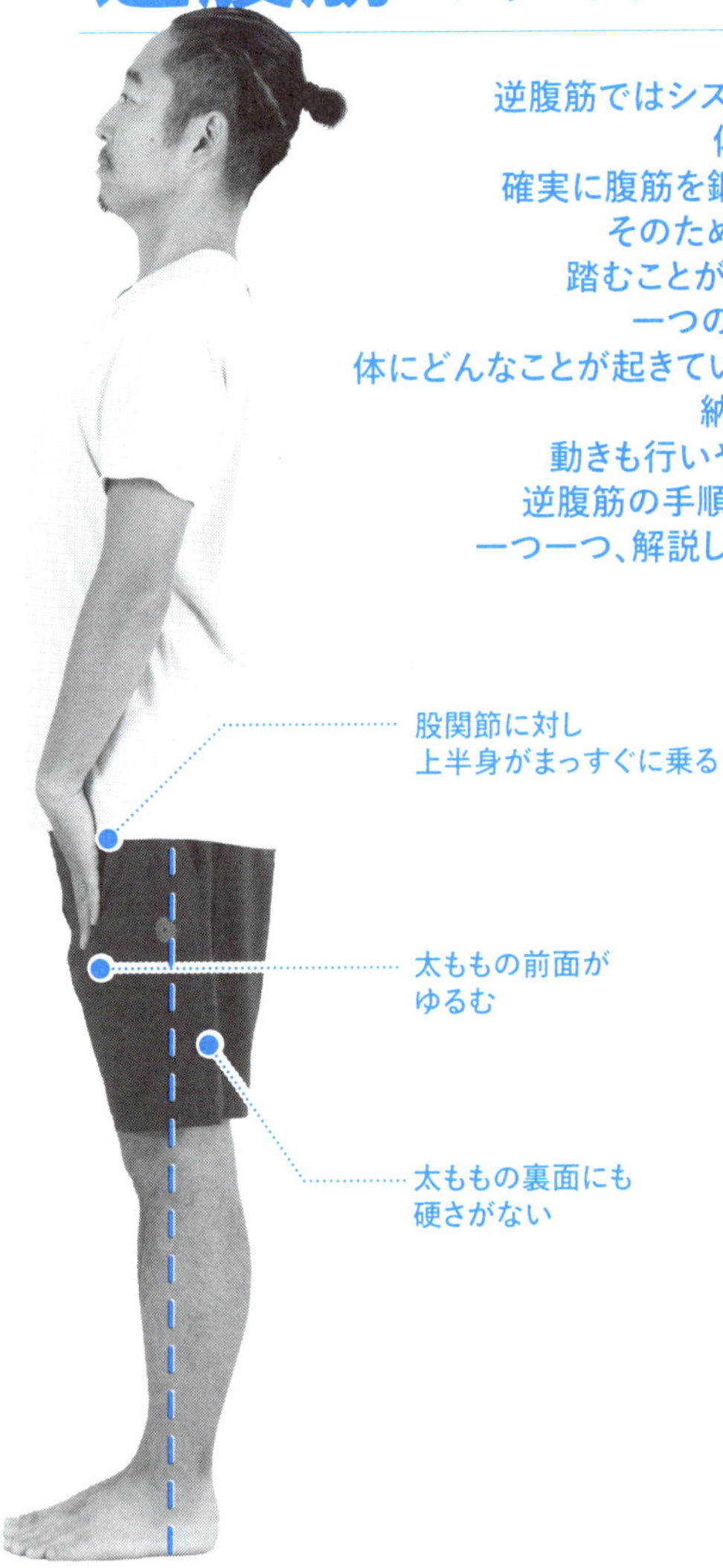

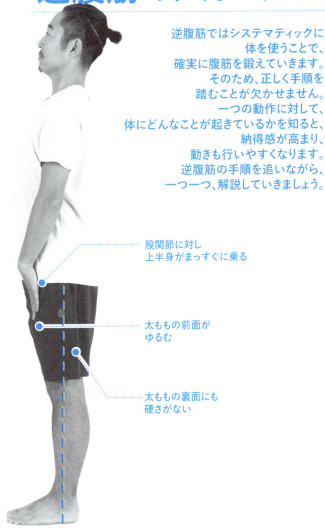

1 両手で太ももを押す

太ももを後ろに押すと、前側がふとゆるみます。これは、下半身が床に対して垂直になった合図です。

日本人の多くは、上半身の重心が後ろにあります。体が後ろに倒れてしまわないよう、太ももの前側にある大きな筋肉・大腿四頭筋《だいたいしとう》は常にグッと前に引っ張っているので、いつも緊張状態です。

試しに、**空気椅子の姿勢をとってみてください**。太ももの前面がパンパンに硬くなっていると思います。体が後ろに倒れないよう、太ももが必死に引っ張って姿勢を支えているためですが、スウェイバック（P.138）ではこの状態が日常的に起きています。

直立の姿勢に戻り、手を太ももに当ててちょっと後ろに下げます。上半身は逆に少し前のめりになるので、胸を起こして姿勢を修正しましょう。すると、上半身がストンとまっすぐ股関節に乗り、この瞬間、太ももの緊張がなくなります。

ちなみに押しすぎると、今度は太ももの裏面の筋肉が張ってきます。ですから表裏ともに張っていない姿勢が真ん中、ニュートラル（本来あるべき位置）であるサインです。

2 両足の指を上げる

足裏の足底筋膜《そくていきんまく》は、かかとの骨（踵骨《しょうこつ》）と指の骨（中足骨《ちゅうそくこつ》と基節骨《きせつこつ》）についています。ですから、足指を上げる（伸展する）ことで足底筋膜が前に引っ張られ、足裏のアーチが上がります。すると足部が安定し、クッション機能を発揮します。これは「ウィンドラスメカニズム」といいますが、詳しくは3章（P.176〜177）で触れます。

足裏のアーチが上がると、床に対する反力が強くなります。すると、前方に傾いていたすねが起きて、足元から骨盤まで、まっすぐ伸びた脚の上に整います。このとき重心の位置も、本来あるべき「かかと」へと移動。ちなみにこのまま指を床に下ろすと、足がしっかり床をとらえて、全身がどっしりと安定していることが感じられます。

もっとも重要なのは、**足指が上がることで骨盤の位置がロックされる**点です。

逆腹筋で多くみられる間違いは、「体をそらそう」として腰をそらしてしまうことです。そるのは腰ではなく、「胸」。腰がそると、痛める原因になります。

腰をそらそうとすると、骨盤の位置が自然と前方にスライドしますが、ここで足指を上げることで、強制的に動かないようロックされます。つまり安全に逆腹筋が行えるのです。

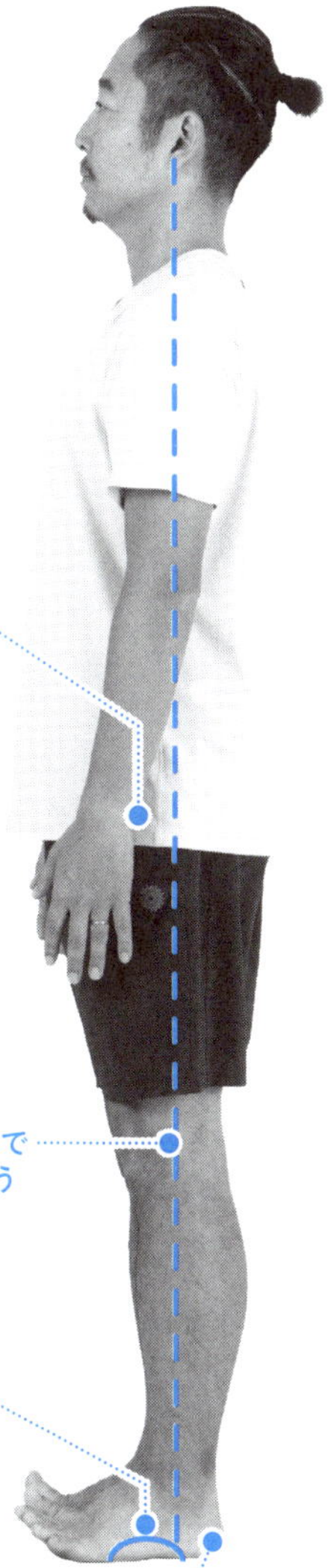
骨盤が
動かないよう
ロックされる
足元から股関節まで
脚がまっすぐに整う
足指を上げると
足裏の
アーチが上がる
かかと重心に

3 首と後頭部を引っこ抜くように持ち上げる

両手を頭の後ろにセットすると、自然に左右の肩甲骨《けんこうこつ》（背中上部の左右にある逆三角形の骨）が前に行き、胸郭に張りつきます。すると肩甲骨の前に位置する胸は、前に押し出されます。前かがみ姿勢や猫背で縮こまった胸を、肩甲骨を使って開くのです。

また、腕が肩よりも高い位置にくるため、肩甲骨と連動する胸郭も自然と位置が上がり、つぶれたお腹まで自動的に引き上げられます。

もう一つ、重い頭を後ろから支えて首を守る意味もあります。この後、「胸をそらす」という動作に入りますが、**胸の延長線上にある首を支えておかないと、頭がガクンと後ろに倒れてしまいます**。いわば「セルフ頸椎《けいつい》カラー（首を固定し守る器材）」というわけです。

頭を支えきれないと「倒れそうで怖い」という気持ちが働き、首がつぶれてすくみます。首がすくむと目線が下がり、胸も丸くなります。つまり前かがみ姿勢に後戻りとい

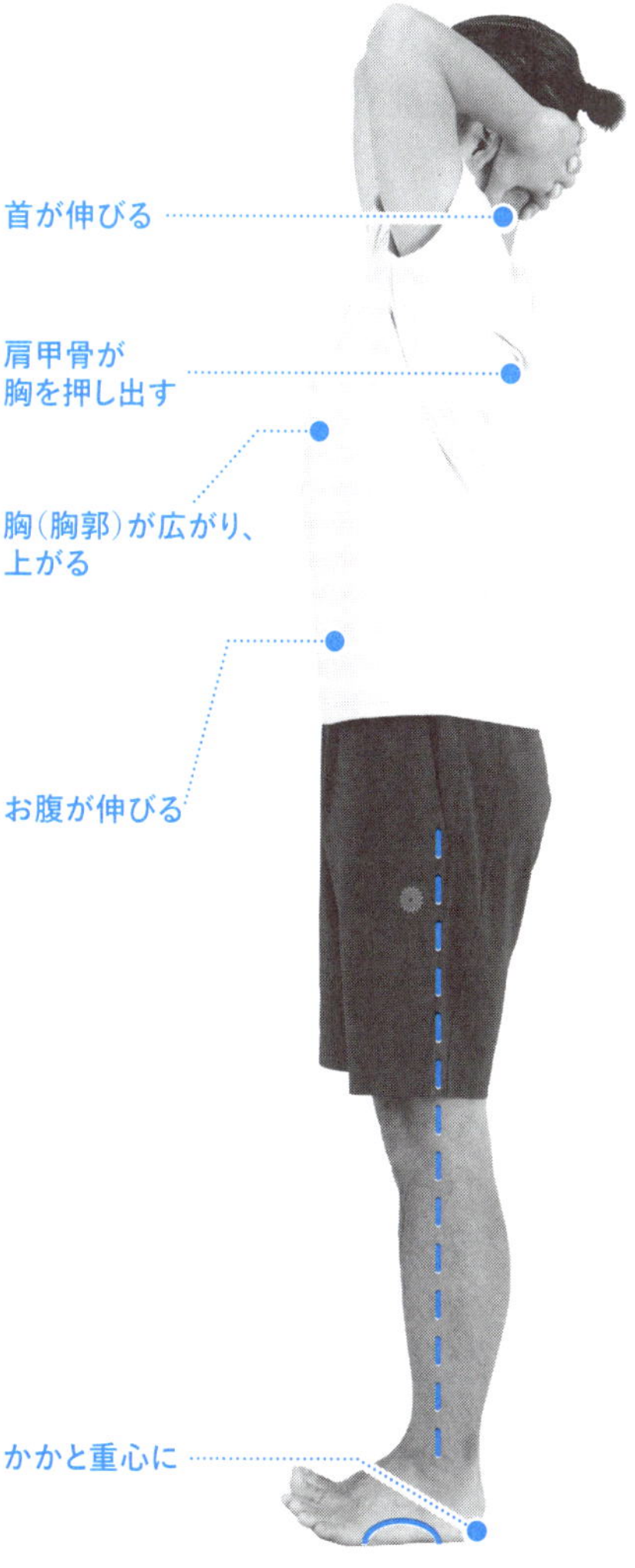

うわけです。丸くなった胸ではそれないので、ひざを曲げ、腰をそらして後ろに倒れます。

この場合、腰への負担が大きいうえ、お腹も十分に伸びていきません。お腹がしっかり伸びていくよう促すには、首をしっかり支えることがものすごく大事なのです。

逆腹筋でやりたいことは、腹筋の遠心性収縮を引き出すことです。ただ首や腰を後ろにそらせばいいのではなく、足元から頭の先まで、グングン伸びていった結果、お腹がしっかり伸びていくことを目指します。

4 視線を上に向けてお腹を伸ばす

最後の、キメのポーズです。息を吸うたびにお腹とその延長線上にある首から頭にかけてどんどん伸びていき、腹筋が遠心性収縮によって鍛えられます。

動きのポイントは大きく三つ。目線と呼吸、そして胸です。

まず、目線は必ず上に向けます。これだけで自然と胸郭が上がり、腹筋がさらに伸びます。そして呼吸は「吸う」息に意識を集中。一息ごとにどんどん胸が開き、お腹の伸びが深まっていきます。

そのとき、そるのは腰ではなく胸であることを意識しましょう。二つ前の2（P.90）で骨盤の位置をロックしているため、腰をそらそうとすると、足指を床についたり、ひざを曲げたりして無理やりに腰をそらすことになります（P.87のNGを参照）。

また、大胸筋が非常に硬い人、長年の猫背や前かがみ姿勢により胸椎（胸の裏側にあたる背骨）が非常に硬い人は、特に胸が開きにくいため、代わりに腰に負担がかかります。準備体操で入念に大胸筋をほぐし、「そる」というよりも「伸びる」意識を忘れずにポーズをキープしてください。最初は思うように動けないかもしれませんが、継続すれば呼吸も、お腹の伸びもじきに深まります。

最後に、「後ろに倒れそう！」と怖がりながら行うと、体がガチガチに硬直し、逆に不安定になります。そうではなく、一息吸うたびに肋骨のなかにある風船が頭頂に向かって、フワフワと浮き上がるイメージを持って行ってみてください。体が安定し、お腹も胸郭も首も、頭頂に向かって柔軟に伸びていきます。

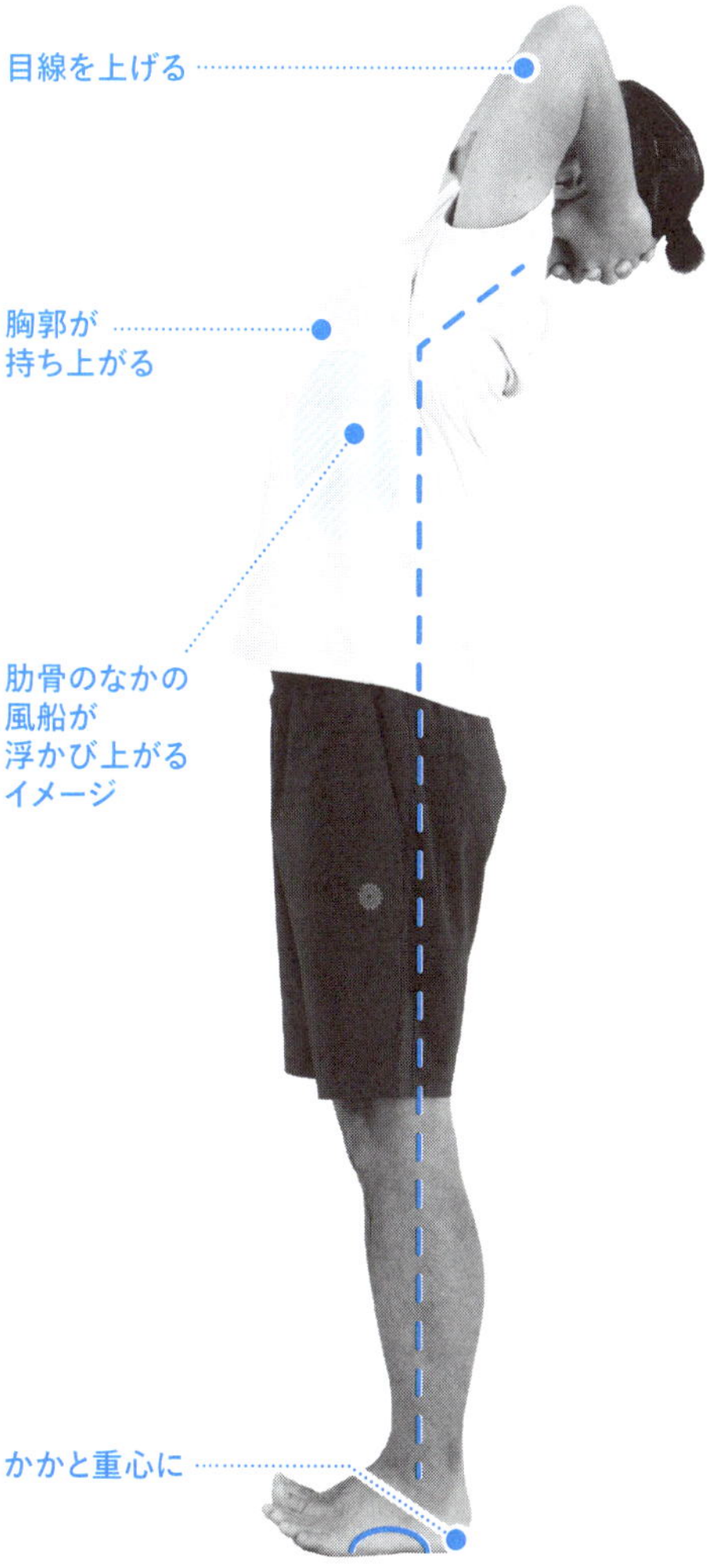

4パターンの動きで腹筋を全方位で刺激！逆腹筋完全版

基本編では、逆腹筋の基礎となる「後ろにそる」という動きだけを行いました。完全版では「後ろにそる」に加えて「横を伸ばす」「立体的にねじる」「水平にツイストする」「伸び上がる」という5つの腹部の動きを連続して行います。

これらの動きを引き出すのは、上半身を支える背骨です。背骨の動きには「屈曲」「伸展」「側屈」「回旋」の4種類がありますが、逆腹筋では「伸長」、つまり上に伸びるという5つ目の動きがあると考えます。伸長とは、背すじが丸まった状態から、重力に抗って、まっすぐに伸びる動きを指します。

基本編だけでも十分腹筋を鍛えられますが、完全版では腹部のあらゆる筋肉をすみずみまで鍛えることができます。モチベーションの高い人は、こちらの完全版に移行することをおすすめします。その場合、基本編は時間のないときに、サッと行うサブトレとして活用ください。

体側を伸ばす逆腹筋

背骨を横に倒す動きで、脇腹から下腹を覆う外腹斜筋を鍛えます。

腕を頭上に伸ばすことで、腹部のチューブ機能をフル稼働。さらに、伸びている側の足に体重を乗せることで、体側を最大限引き伸ばします。肩が痛い人は1のみでOK。

両手を頭の後ろに添え 右ひじを上に向ける

両手を組み、左足を真横に開き、つま先を床につけて甲を伸ばす。両手を組んだまま頭の後ろに添える。息を吸いながら右ひじを上に向けて胸を開き、右の体側が伸びていることを意識しながら2呼吸キープ。このとき、視線も右ひじに向ける。逆側も同様に行う。

NG

どちらかに倒すイメージで行うと、倒れる側に体重が乗り、脇腹がつぶれる。必ず伸ばすほうの体側を意識して行う。

ポイント
視線は常に
手の先に
向ける

ポイント
腕から体側、
足までを、
脇腹から上下に
引き離す
イメージで伸ばす

ポイント
伸ばしたい
体側側の足に
体重を乗せる

詳しくはこちら

両手を組み
腕を頭上に伸ばす

息を吸いながら組んだ両手のひらを返して腕を頭上に上げる。右の体側が伸びていることを感じながら2呼吸キープ。逆側も同様に行う。

逆腹筋で
ローテーション

背骨の回旋、ひねりの動きを利用し、お腹を立体的に伸ばします。
主なターゲットはお腹をうすくする腹斜筋。ポイントは回すほうの手先に視線を向けたまま、腕、胸、そして脇腹までの斜めのラインを意識して動くこと。腹筋を使って、腕を大きく回します。

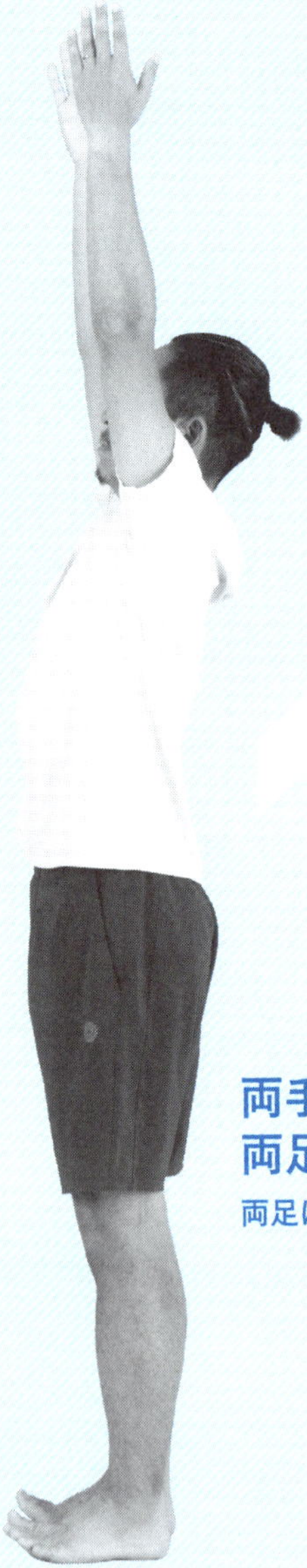

両手を頭上に伸ばし、両足の指を床から上げる

両足は骨盤幅に開く。

詳しくはこちら

ポイント
視線は常に
手の先に向ける
ポイント
できるだけ
遠くに伸ばすよう
意識する
45°

息を吸いながら左腕を後ろに回す

息を吸いながら左腕を後ろに回し、肩の高さまで下ろす。息を吐きながら腕を1に戻す。逆側も同様に行う。

Easy

腕を回す際、肩が痛い人は斜め後ろ45度程度まで下ろせばOK。余裕のある人は肩の高さまで回す。

逆腹筋で
ツイスト

実は背骨を回旋しながら水平にツイストする動きでは、腹部は遠心性ではなく求心性に働きます。しかし同時に胸椎を柔らかくする効果があるので、ほかの腹筋動作をより深めることができます。逆腹筋のサポート的種目です。
右にねじると右胸が、左にねじると左胸が開きます。

右手を後頭部につけて
左腕は前に伸ばす

右手のひらを後頭部につけて、両足指は床から上げる。左腕を肩の高さで前に伸ばし、手のひらを下に向ける。

詳しくはこちら

ポイント
視線は常に
手の先に向ける
ポイント
骨盤はできるだけ
正面に向けたまま行う

2

息を吸いながら上半身を左にねじる

息を吸いながら、左腕の高さを変えずにウエストから上半身をできるだけ左にねじる。息を吐きながら1に戻る。逆側も同様に。

お腹をうすくするスクワット

背骨を引き伸ばす「伸長」の動きで、主に腹横筋を刺激。背骨とお腹を最高に引き伸ばしましょう。上半身は上へ、下半身は下へと引っ張り合う動きにより「チューブ効果」が生じます。腰を深く落とすほど胸椎がよく伸展し、お腹もうすくなります。

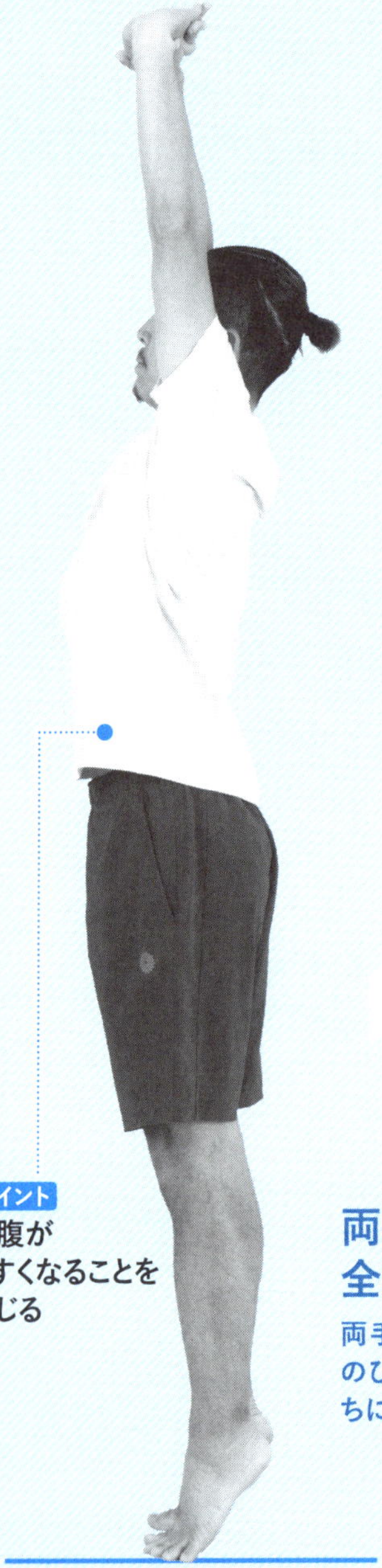

ポイント
お腹がうすくなることを感じる

詳しくはこちら

1

両手を頭上に上げながら全身で伸び上がる

両手の指を組み、息を吸いながら手のひらを返して頭上に上げ、つま先立ちになり全身で伸び上がる。

NG

お尻は後ろに引いていくのが正解。お尻を真下に下ろすとひざが前に出て体が丸くなる。

ポイント
視線は手の先に向ける

ポイント
両手とお尻が引っ張り合うイメージ

2

息を吸いながらお尻を後ろに引く

腕と上体の伸びをキープしたまま、かかとを下ろす。息を吸いながらお尻を後ろに引いていき、できる限り深く腰を落とす。一呼吸おき1に戻る。

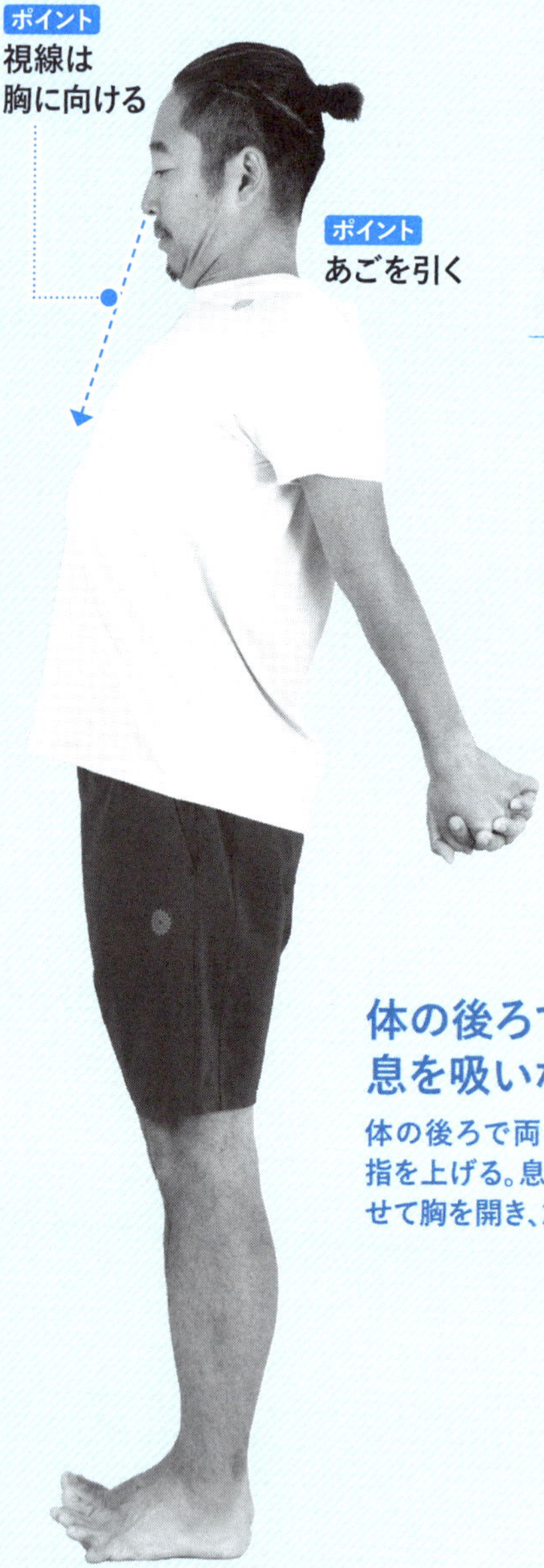
ポイント
視線は
胸に向ける
ポイント
あごを引く

肩甲骨を寄せる逆腹筋

最後に再び胸を開き、胸が引き上がった姿勢を形状記憶。あごをしっかり引くと、より胸の位置が高くなります。このポーズを続けると、腕が頭の上に伸びなかった人も上がるようになり、基本の逆腹筋もよりラクに行えます。

体の後ろで両手を組み息を吸いながら胸を開く

体の後ろで両手の指を組み、両足の指を上げる。息を吸いながら両腕を寄せて胸を開き、2呼吸キープ。

詳しくはこちら

実践

うまくできない人のための逆腹筋アレンジ編

猫背や前かがみグセが強い人の場合、立って行う逆腹筋を難しく感じる場合があります。そのような人はひざ立ちやイスを使った逆腹筋からチャレンジしてみてください。

ひざ立ちの姿勢は強制的に骨盤をロックできるうえ、床からの距離が短くなるので、より安定した姿勢で行えます。

イスに座って行う場合は、左右の坐骨《ざこつ》をイスに突き刺すイメージで座ることがポイントです。すると骨盤がニュートラルになり、お腹も伸びやすくなります。仕事中に姿勢が気になったときも、席を立たずに行えます。

より安定した ひざ立ち逆腹筋

ひざ立ちになり、足の甲は伸ばして床につける。両手を組み、後頭部に添えて、上半身をひきあげるよう意識しながら胸をそらす。2呼吸キープ。

ひざ立ちで行う逆腹筋完全版

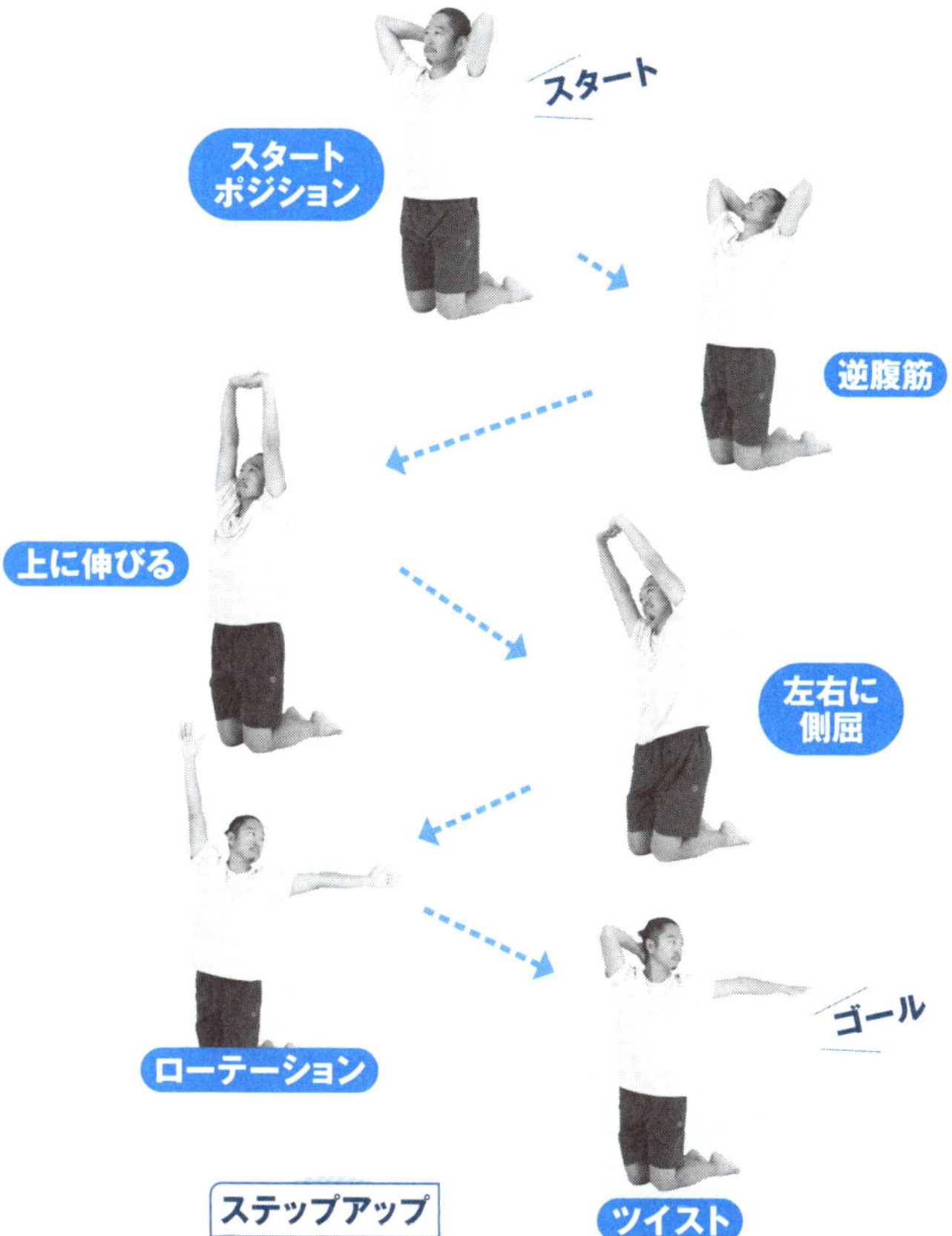

ステップアップ

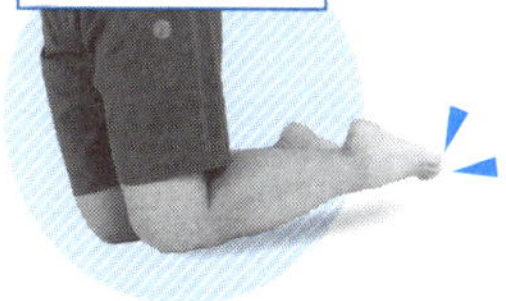

ひざ下を浮かせたままで行う。

イスを使った座り逆腹筋

イスに浅く座る。両足は、ひざ下が床に対して垂直になる位置よりもやや体に引き寄せる。坐骨を座面に突き刺すようなイメージで骨盤を立てる。両手を組み後頭部に添えて、上半身を引き上げるよう意識しながら胸をそらす。2呼吸キープ。

詳しくはこちら

イスに座って行う
逆腹筋完全版

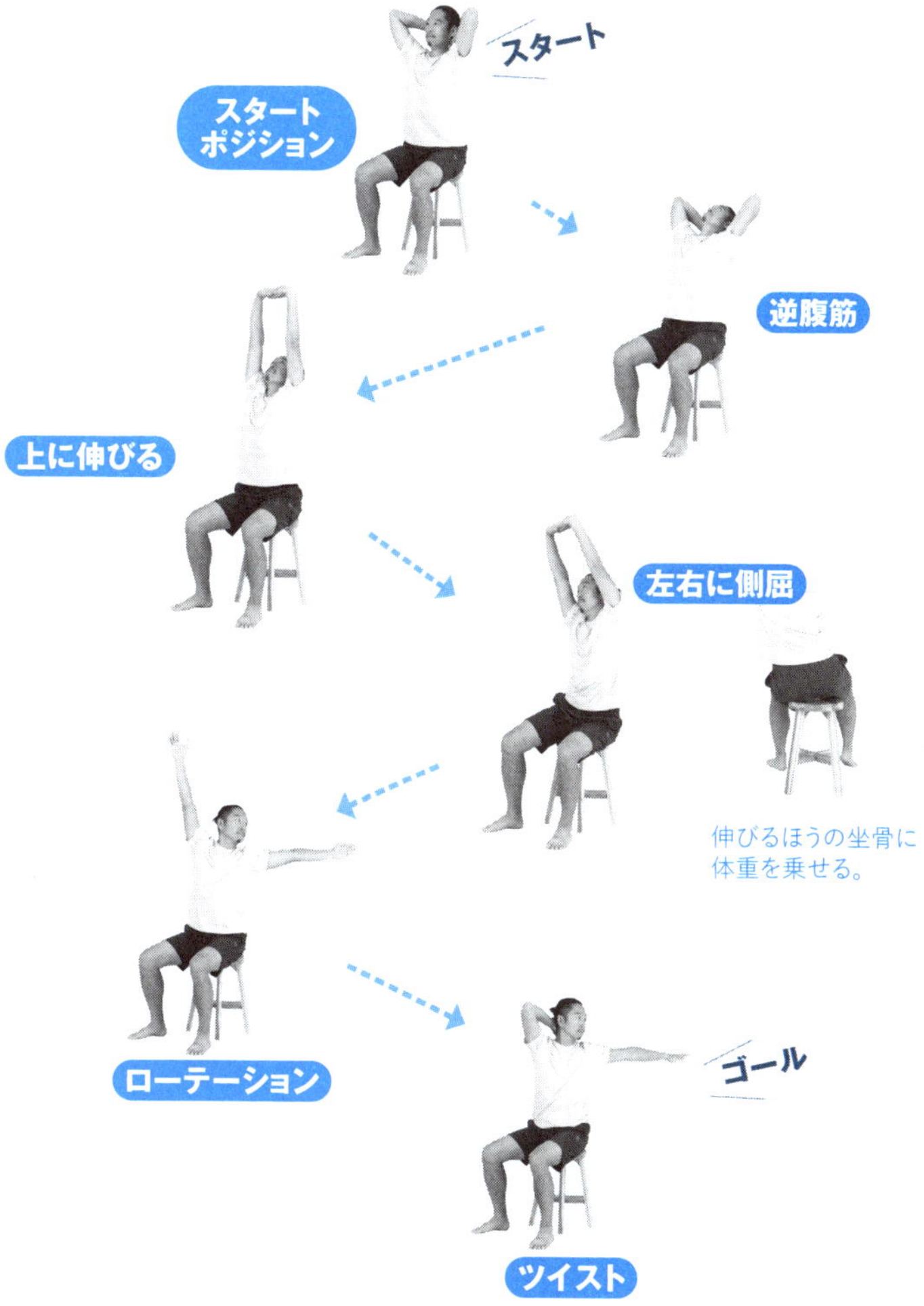

体が硬い人のための逆腹筋「徹底攻略」ストレッチ

長年、猫背や前かがみ姿勢だった人や、全身の柔軟性が落ちて体がガチガチな人は、逆腹筋を行う前に腹部や胸、背中をゆるめることが必要な場合があります。

「やっぱりそるのが苦手」「気持ちよく体側を伸ばせない」「ローテーションのときに何だかねじり切れていない気がする」といった感想を持たれた方は、P.114から紹介するストレッチを行ってみてください。

ストレッチはすべて壁を使っていますが、壁は苦手な動きをサポートしたり、力の方向をわかりやすくしたりする手助けになります。それにより、今一つ理解できなかった、しっくりこなかった動きも**「こうやればいいのか！」と、その意図するところを体感できます。**

また、自力では硬く動かなかった部分をしっかりほぐすことが可能です。例えば猫背だった人であれば、「何だかすごく胸が開いてラクだなぁ」と感じられ、健康度までワンランクアップした快感を得られるでしょう。

筋肉の硬い部分は人によって異なるため、逆腹筋完全版のすべての動きに対応できるよう悩み別に種目を用意しました。たくさん種目がありますが、自分に当てはまるものだけ行えばＯＫです。

「気持ちいい」「効いている」といったポジティブな感覚がないと、なかなか継続できません。どんなに胸やお腹が硬い人も、壁を使えばほぐれるので大丈夫。ぜひ取り入れてみてください。

悩み
1

胸がうまくそれない

体の背面で壁を押して、裏側を強く縮めると、体の前側は自然とゆるみます。この作用を利用し、胸を広げていきます。

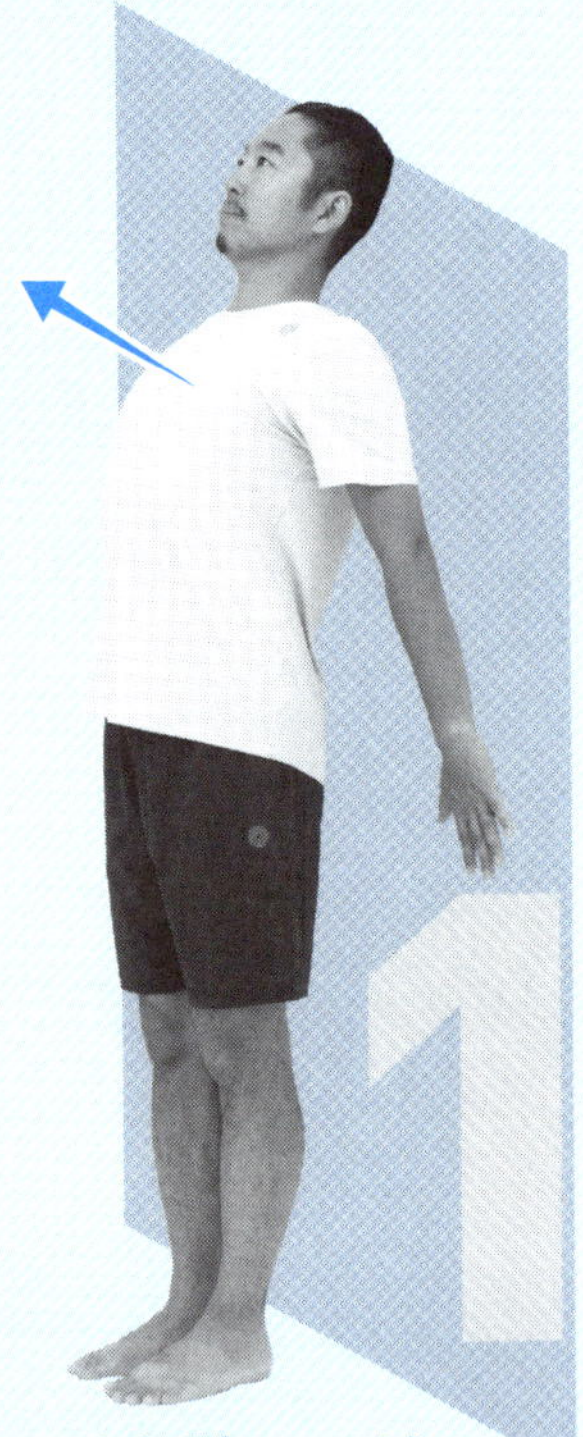

両手を壁につけて胸を前に押し出す

足ひとつ分、壁から離れて立つ。後頭部と両手のひらを壁につけて、両手で壁を押しながら胸を前方に押し出す。

バンザイの体勢で2呼吸キープ

息を吸いながら両手を前から回し、壁につけてバンザイ。このとき、胸を斜め上に向けて開く意識で2呼吸キープ。

体側がうまく伸びない

悩み 2

壁を使うことで、骨盤と肋骨の間のつぶれたお腹から脇の下まで、しっかり伸ばしていきます。

左手を壁につける

壁を左にして立ち、左腕を伸ばして手のひらを壁につける。

右腕を体の横から回し頭の先へと伸ばす

左手で壁を押しながら、右腕を横から回して、頭を越えて左方向に伸ばす。右体側に伸びを感じながら2呼吸キープ。逆も同様に行う。

胸がうまくそれない お腹が伸びない

悩み 3

壁を両手でプッシュする力を利用。強制的に背中をそらせることで胸とお腹のそりを促します。

補強トレ A

1 両手を壁につけてできるだけ腕を伸ばす

壁に向かって立つ。両腕を伸ばし、できるだけ高い位置で手のひらを壁につける。

2 息を吸いながらお尻を後ろに引く

息を吸いながらお尻を後ろに心地いいところまで引いていき、2呼吸キープ。両手は斜め上、お尻は斜め下に引っ張り合う感覚を意識。

補強トレ B

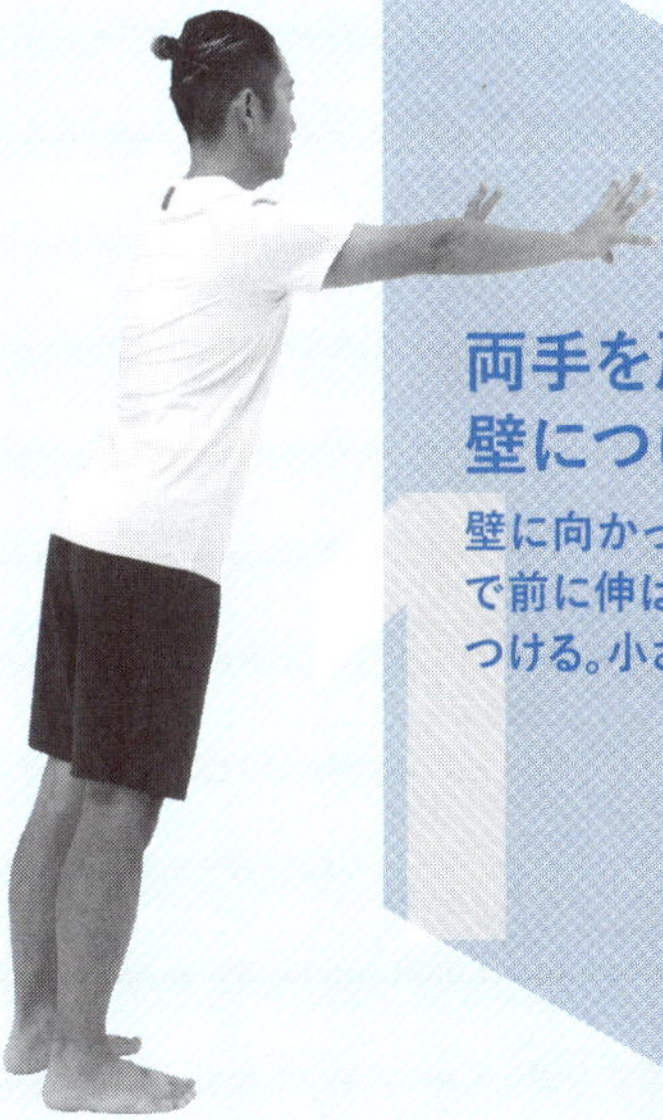

両手を肩の高さで壁につける

壁に向かって立つ。両腕を肩の高さで前に伸ばし、両手の指の腹を壁につける。小さく1歩、後ろに下がる。

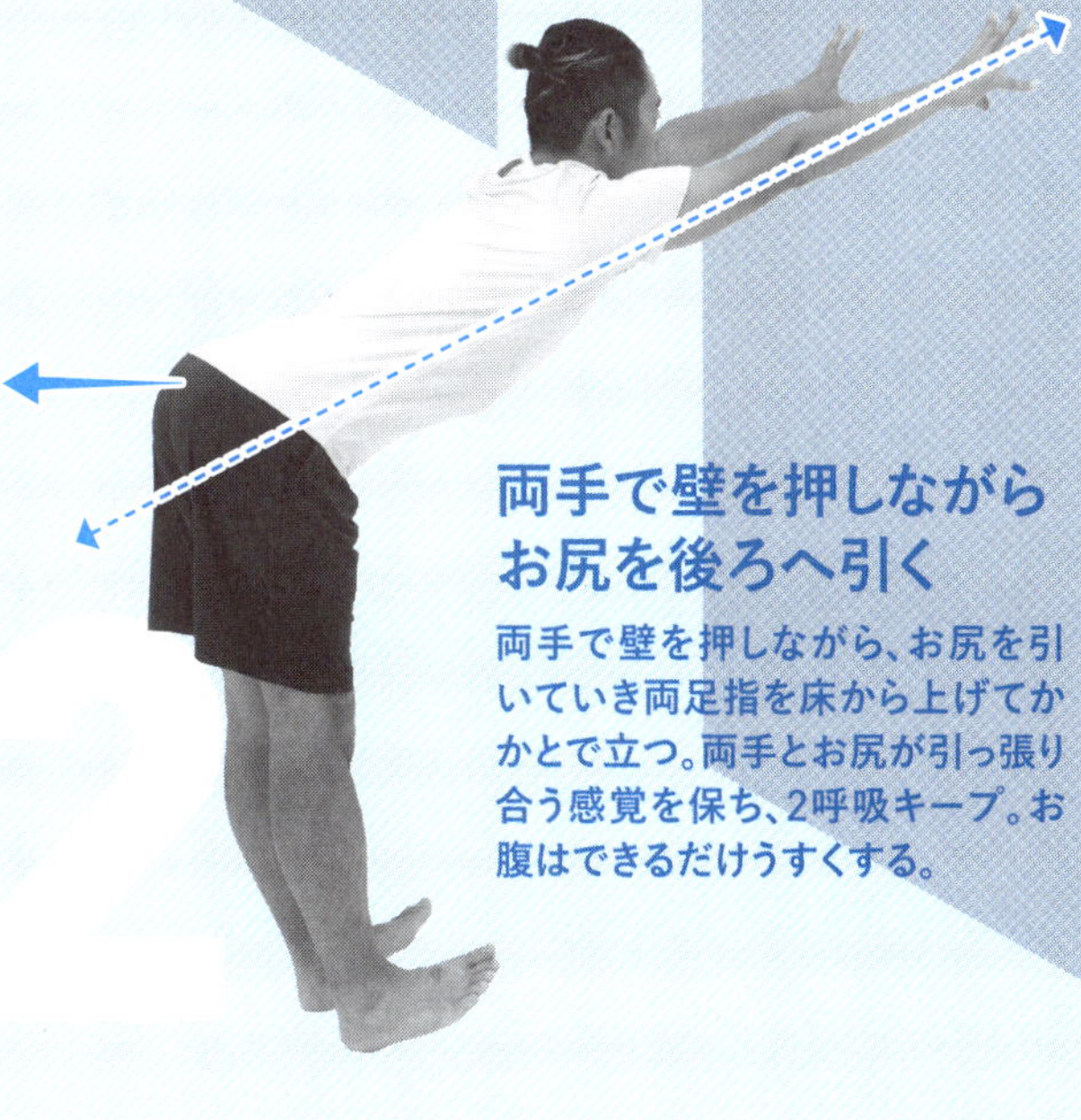

両手で壁を押しながらお尻を後ろへ引く

両手で壁を押しながら、お尻を引いていき両足指を床から上げてかかとで立つ。両手とお尻が引っ張り合う感覚を保ち、2呼吸キープ。お腹はできるだけうすくする。

うまくツイストできない

悩み 4

壁を使って体を固定することで、アプローチしにくい内腹斜筋まで腹部を深くねじり切ります。

補強トレ A

息を吸いながら右腕を後ろに回す

両足の指を上げて、息を吸いながら右腕を後ろに大きく回す。このとき、視線は常に右手の指先を見る。反対側も同様に行う。

両手を壁につける

壁に向かって立ち、両腕を伸ばして手のひらを壁につける。

補強トレ B

両手を壁につける

壁に向かって立ち、両腕を伸ばして手のひらを壁につける。

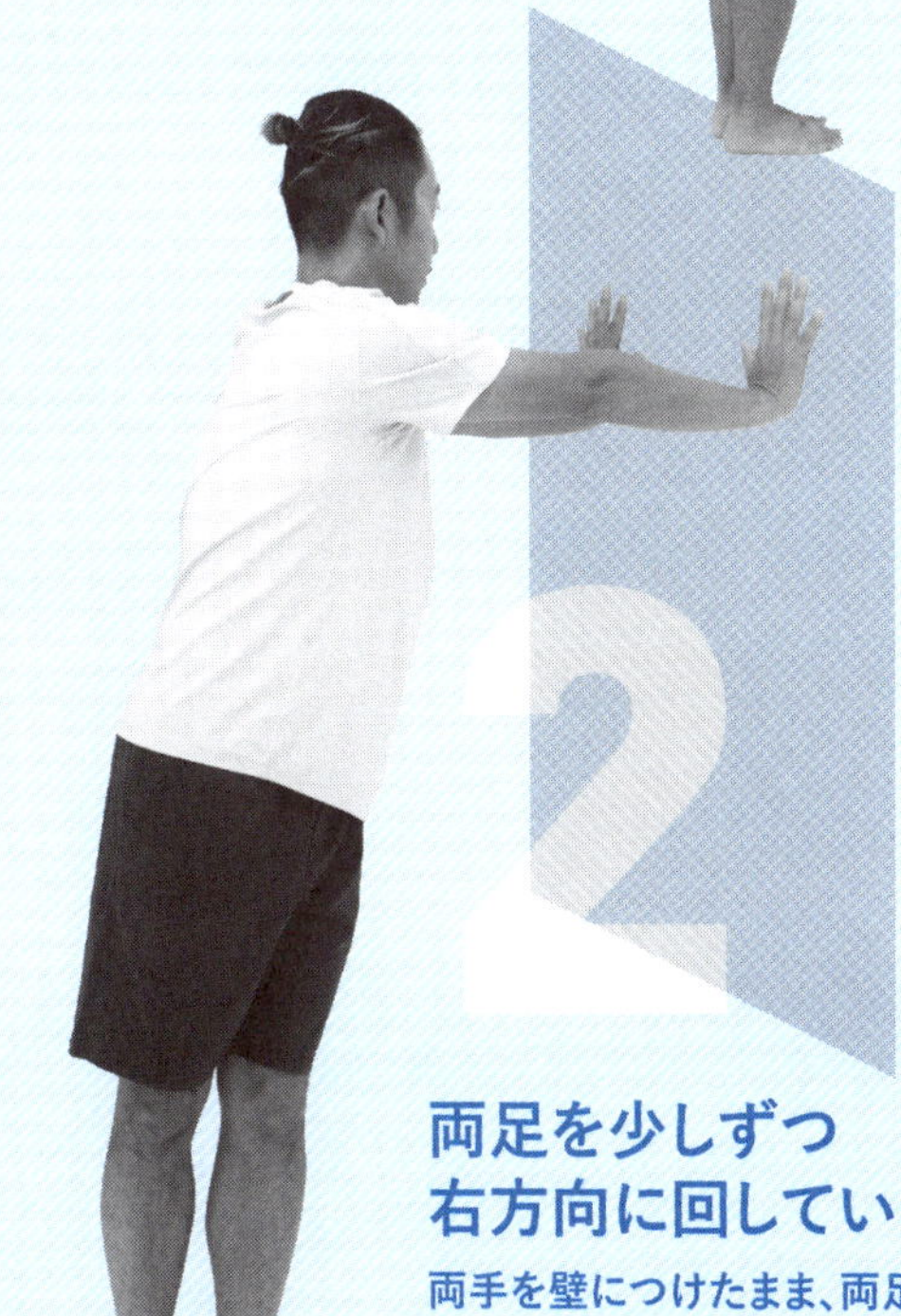

両足を少しずつ右方向に回していく

両手を壁につけたまま、両足先が右90度の方向に向くまで、少しずつ足先を右方向に回転させる。正面に戻り、左方向も同様に行う。

補強トレ
C

右手を頭上に伸ばし右の体側を壁につける

体の右側を壁につけて立つ。右腕を天井方向に伸ばし手のひらを壁につける。

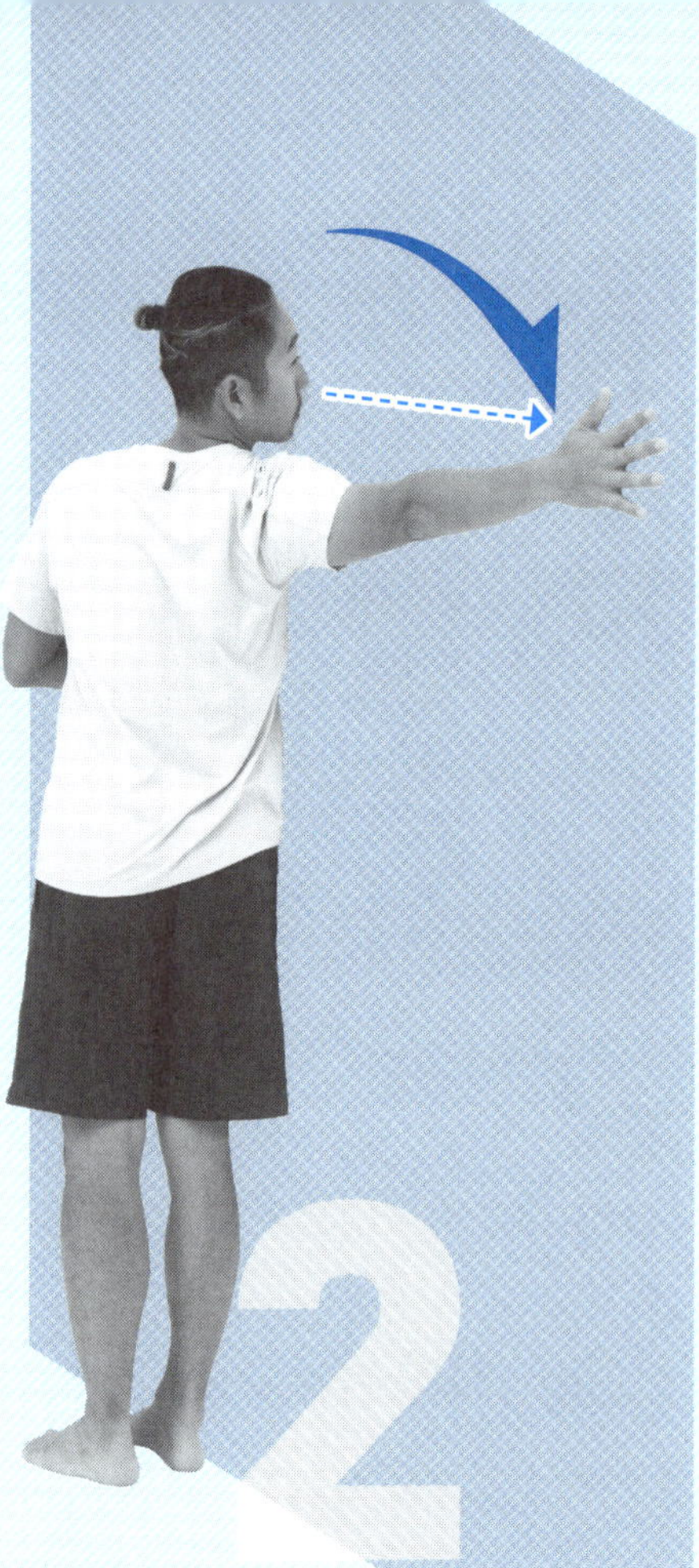

右手を壁につけたまま後ろに下げていく

息を吸いながら手のひらを壁につけたまま、右腕を肩の高さまで後ろに回す。視線は右手に向ける。腕の付け根から胸に伸びを感じながら2呼吸キープ。

これらのストレッチを行うと正しく、よりラクに逆腹筋ができるようになります。

体脂肪燃焼をブーストする逆腹筋×HIIT

詳しくはこちら

逆腹筋のあとは、胸が柔らかくなりお腹も伸びるため、より呼吸が深く、とても代謝がよくなります。まっすぐで柔らかい姿勢になるので、動きやすくなります。「もっとしっかり汗をかきたい」「体脂肪を燃焼させたい」という方のために、逆腹筋と組み合わせた最強のHIIT（High Intensity Interval Training）プログラムを用意しました。

HIITは高強度の運動を短い休憩をはさみながら、断続的に続けるトレーニングです。プログラムは7種目の運動を10秒間のインターバルをはさみながら、1種目につき20秒間行うのが基本。つまり1セット約4分。これを数セット繰り返します。

ポイントは「20秒間、全力で動く」こと。筋トレと有酸素運動を同時に行うトレーニングで、脂肪燃焼、筋力・体力・持久力アップとさまざまな効果を期待できます。また、トレーニング後も高い基礎代謝量を長時間維持する、アフターバーン効果が起こるということでも知られ、1回数分～十数分で効率よく高い運動効果が望めます。

今回は腹筋の遠心性収縮を意識した種目で構成しました。かなり強度の高い運動なので、まずは1セットからスタート。次のページより新規の種目を紹介します。

❶ バーピー（ジャンプなし）

全身の筋肉を使って心拍数を一気にアップ。腰を落とさないことが大事

直立の姿勢から両手を床につく。両足を一緒に素早く後ろに伸ばす。脚を両手に引きつけて立ち上がり、直立に戻る。

❷リザード

トカゲのように低い姿勢でその場でジャンプ。脊柱周辺や股関節のストレッチの効果も

腕立て伏せの姿勢から、両ひざをゆるめ、足の指の腹を床につける。
ひじを曲げてできるだけ胸を床に近づける。左足を左手の外側に踏み出し、
同時に右手を前に出しながら、その場でジャンプ。
手足を左右交互に動かしながら、その場でジャンプを繰り返す。

❸プッシュアップツイスト

腹斜筋や股関節を刺激。
1回1回ウエストをしっかり絞ろう

腕立て伏せの姿勢になる。腰をひねり、右足を左足の左横に出す。
同時に左手を床から離して天井方向に振り上げる。
最初の体勢に戻り、逆側も同様に交互に続ける。

❹アップダウンドッグ

胸を床に近づけながらそる。肩と腕を強化し、大胸筋を伸ばす

四つばいになりひざを伸ばして両足を大きく開く。
お尻を後ろに引いて高く上げる。頭の高さを低い位置で
前方に頭から突っ込み、曲線を描きながら胸から起こしたら、
再びお尻を後ろに引いて戻る。

❺ツイストランジ

背筋の柔軟性と
下半身の筋力をまとめてアップ

両腕を前に伸ばす。左足を大きく一歩前に踏み出し、右ひざが床すれすれの位置まで腰を落としながらウエストで上半身を左にねじる。同時に左腕を肩の高さで伸ばして後ろに回す。腕を正面に戻しながら出した足をもとの位置に戻す。

❻マウンテンクライマー

腸腰筋＆股関節をストレッチ。
お腹をだらんと下げずに体幹部を強化！

腕立て伏せの姿勢から、左足をひざを曲げながら前に素早く突き出す。
素早く戻したら右ひざも同様に突き出す。
左右交互に続ける。

やればやるほどお腹が凹む!

逆腹筋1DAYスケジュール

Good morning!

06:00 | 起床

逆腹筋基本編

▶▶▶ P.82

逆腹筋を行うと交感神経が優位に。筋肉と脳の目覚めのスイッチをオン!

09:00 | 始業

視線の高さを調整

▶▶▶ P.159

仕事中は猫背になる危険度大。姿勢を整え、目の高さにパソコンの画面を合わせよう。

12:00 09:00 06:00

07:30 | 出勤

逆腹筋完全版

▶▶▶ P.96

背骨を四方に動かして、腹筋&背筋をしっかり使って歩く準備を整えよう。

信号待ちや電車の中でもお腹を伸ばした姿勢を意識。腹筋は常に稼働!

姿勢を意識!

10:30 | 小休憩

イスで逆腹筋

▶▶▶ P.110

座ったままで逆腹筋。腹筋を鍛えつつ、無意識に猫背になっていた姿勢もリセット。

逆腹筋の効果を得る近道はとにかくこまめに実践すること。1日のモデルプランを紹介します。

Good night

24:00｜就寝前

胸をほぐす

▸▸▸ P.78

硬く縮こまった胸をほぐしてから就寝。翌日、逆腹筋のポーズがより深まる。

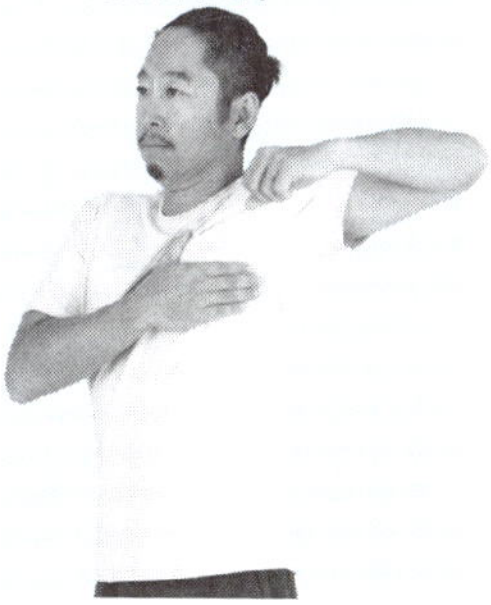

19:30｜退社

逆腹筋基本編

▸▸▸ P.82

出勤時と同様、腹筋＆背筋を刺激し、腹筋を遠心性収縮で使いながら歩く準備を。

14:00｜プレゼン前

逆腹筋基本編

▸▸▸ P.82

逆腹筋を行うと胸が開き呼吸も深くなる。落ち着きと自信が生まれ、プレゼンも楽勝!

20:00｜帰宅中

上を向いて歩く

▸▸▸ P.172

歩くことは逆腹筋で鍛えた腹筋の補強トレーニングになる。バスや電車は最寄り駅の手前で降り、ウォーキングの時間に充てよう。

18:00｜もうひと踏ん張り!

逆腹筋完全版

▸▸▸ P.96

疲れでつぶれかけたお腹を伸ばしていこう。仕事の最中、力みでこり固まった上半身もほぐれる。

逆腹筋コラム ❷

筋トレ上級者は腹筋ローラーで遠心性収縮をパワーアップ!

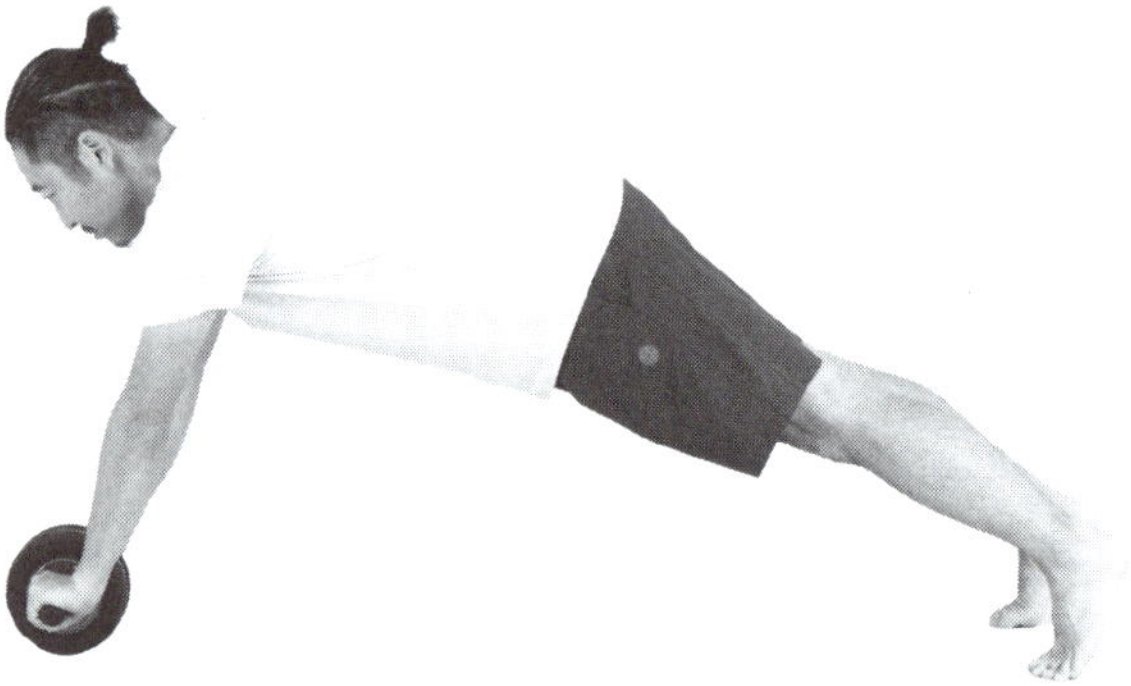

世の中には腹筋を鍛えるアイテムが山ほど出ています。なかでも、逆腹筋と同じく遠心性収縮でトレーニングできるアイテムといえば「腹筋ローラー」。こちらはまさに逆腹筋の上級者バージョン。お腹まわりをガッツリ鍛えたいという強者にはおすすめです。

腹筋ローラーは逆腹筋と同様、お腹を引き締める腹斜筋や腹横筋にしっかり効きます。加えて、腕や肩にかかる負荷も高く、上半身をまとめて刺激。逆腹筋+懸垂と同様の効果を期待できます。

一方、非常に負荷が高いので、腕に力がない人には向いていません。無理をするとケガのもとなので、まずは逆腹筋+ひじプランクの2種目で筋力の下地を作ってからチャレンジしましょう。

chapter 3

姿勢

健康的な美姿勢を「形状記憶」する逆腹筋

ぽっこりお腹の原因は長時間デバイスを凝視する「超近視化社会」

1、2章では逆腹筋がいかにお腹をうすくする効果があるかについてお話ししてきました。しかし、トレーニングで得られる効果はそれだけではありません。

これまでお話ししてきたように、**お腹がぽっこり出る原因は、姿勢が悪くなることから始まります**。ですから、逆腹筋で得られる最大のメリットは、崩壊した姿勢を正し、ニュートラルな姿勢（本来の姿勢）に戻してくれることだと考えます。

ここで改めて、姿勢を支える骨格について少し説明しましょう。

上半身の姿勢を支える屋台骨は、背骨（脊柱）です。背骨は骨盤内の尾骨、仙骨に始まり、椎骨という24個の小さな骨が積み上がり、形成されます。24個の椎骨は背骨の位置によって、腰椎《ようつい》（5個）、胸椎《きょうつい》（12個）、頸椎《けいつい》（7個）に分かれます（P．64）。長さでいうと、胸の裏側に位置する胸椎がいちばん長く、背骨の5分の3を占めています。

人間本来のニュートラルな姿勢は、**骨盤が前傾し、腰椎は前弯、そして胸椎はしなやかに後弯**しています。そして、横から見ると、背骨が骨盤からきれいな「S字カーブ」を描いて立ち上がり、背骨のてっぺんにストンと頭が乗っている。これを、「アップライトの姿勢」と言いますが、骨盤を介して伸びる下半身も、股関節やひざが伸び、足裏のアーチはしっかり持ち上がっています。

ところが、頭の位置が前にずれてしまうと、重い頭を支えようと背骨が変形。胸椎は過剰に屈曲して、腰椎の前弯（前方向へのカーブ）は消え、骨盤は後ろに傾きます。そして、下半身も股関節やひざが伸びきり、足裏のアーチもつぶれてしまうのです。

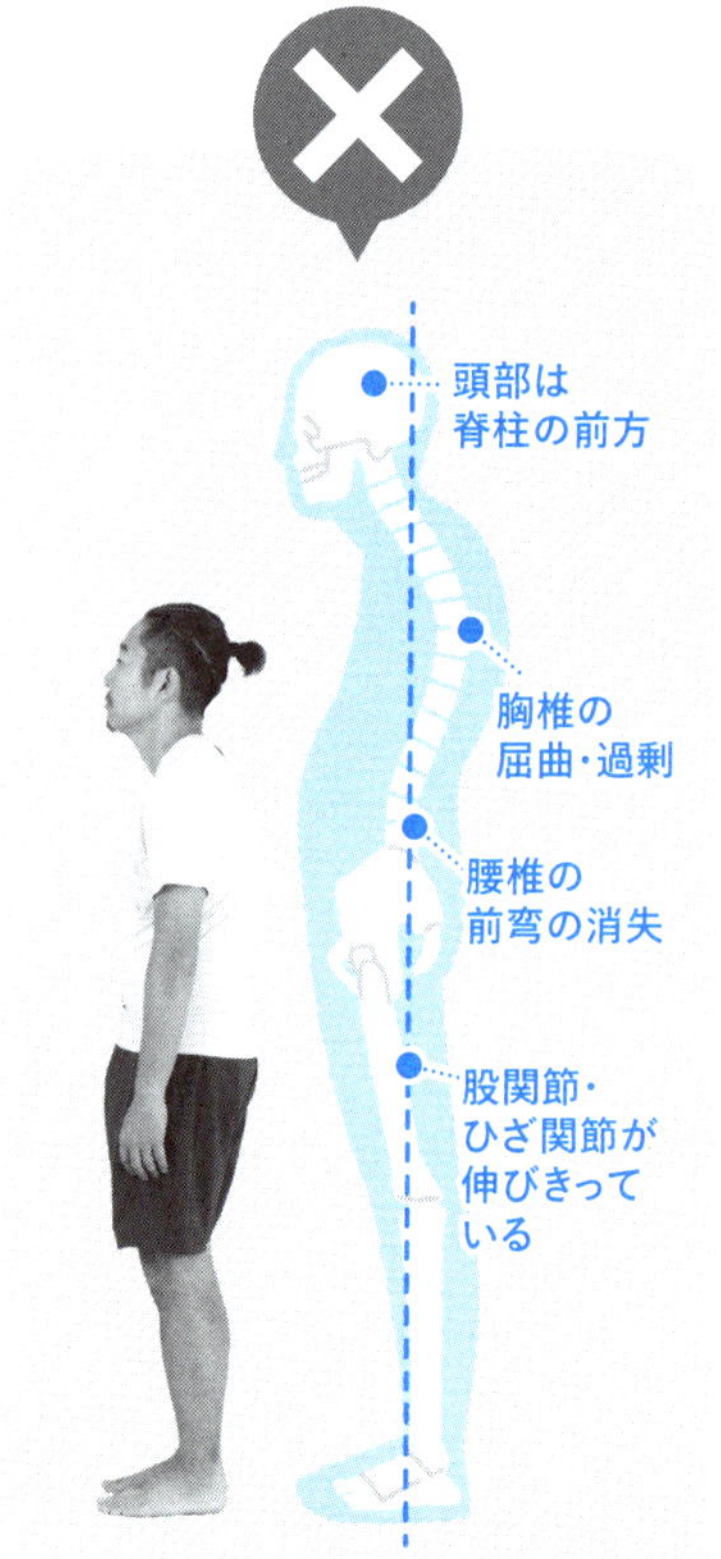

背筋・腹筋ともに力が抜け、骨盤を前に突き出したスウェイバック姿勢。

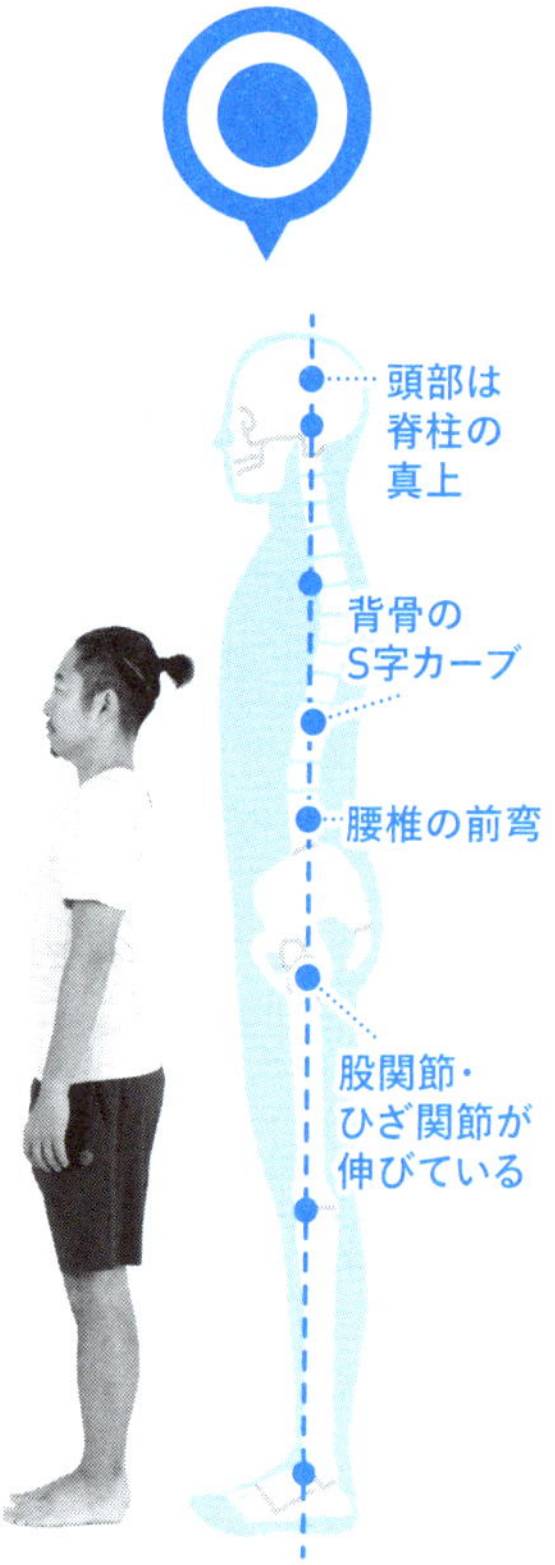

背筋が活性し、お腹は伸びて遠心性で働いているニュートラルな姿勢。

姿勢が崩れるとこんな見た目の変化も……

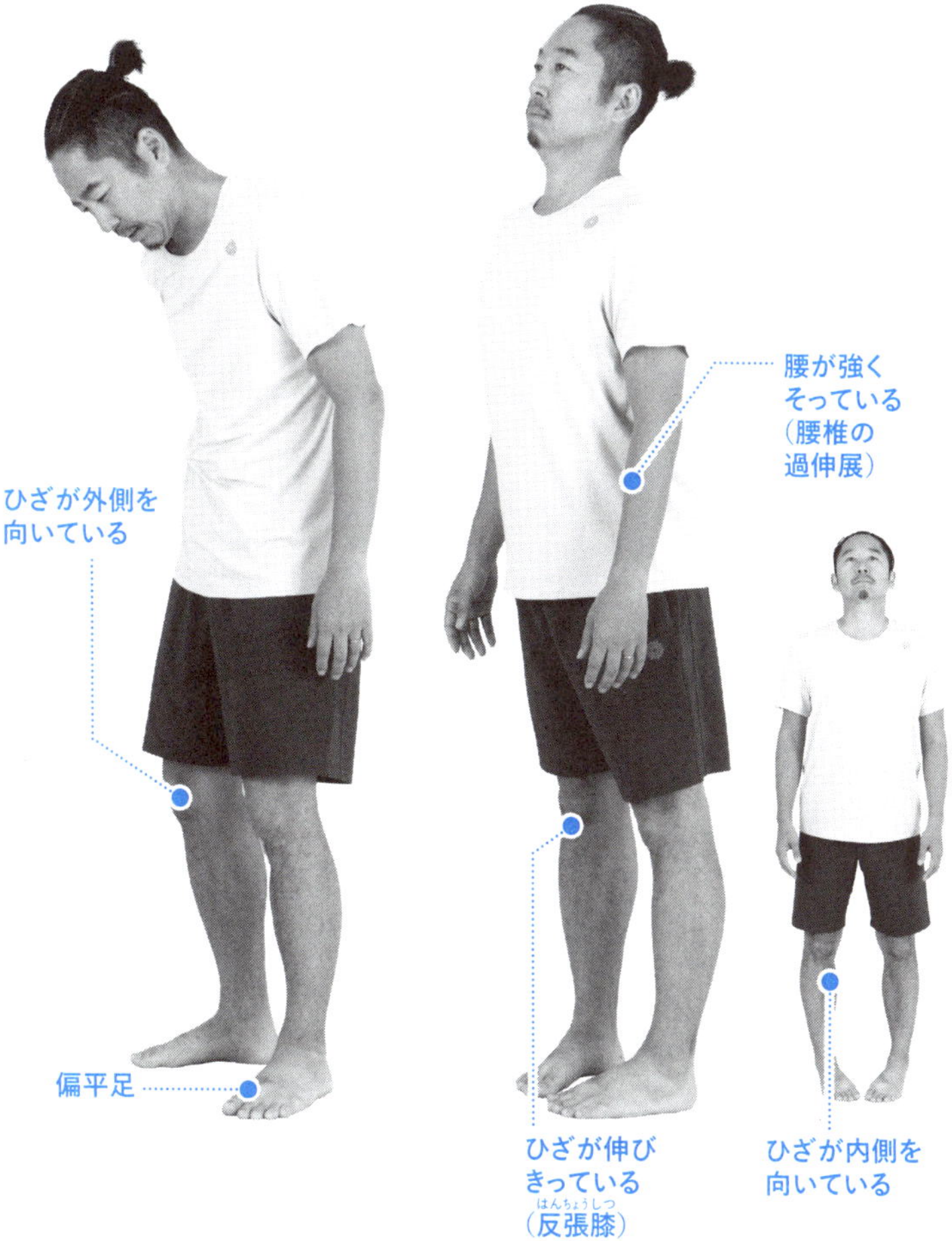

外見も変化します。背中や腰は丸く、胸は閉じて下がってしまい、押しつぶされたお腹はぽっこり前に出る。日本人に多い「スウェイバック」という姿勢になります。

このようなお腹のつぶれたスウェイバック姿勢は、頭の位置が前に出ることから始まります。現代の日本人の多くがそうなるのは、生活圏の**「超近視化」の影響が非常に大きい**と言えます。

体を動かす第一次産業が中心だった時代から、情報化社会に突入しました。人間はどんどん体を使わなくなり、外に出て歩き遠くを見る機会も、急速に奪われています。

なかでも都会は、移動は電車やバス、タクシー。ビルで仕事をし、マンションで暮らす人が大勢います。**常に箱から箱に移動している状態ですから、どうしても視野が狭くなってしまう**のです。

また、広い空間のある郊外や地方に住んでいても、近くのコンビニエンスストアやスーパーも車移動が当たり前の人は、「箱移動」という点では都会と変わりません。

特に影響が大きいのは、目の前のスマートフォンやタブレット、パソコンの操作に多大な時間を割くようになったことです。皆さんも、あちらこちらで、頭を前に出し、画面をのぞき込みながら、猫背でスマホを操作する人の姿をよく見かけると思いますが、よっぽど姿勢を意識している方以外、皆そのような姿勢で過ごしています。

デスクワークの方であれば、それこそ週5日間、8時間、前かがみ姿勢でいるわけです。さらにプライベートな時間や移動時間にスマホやタブレットを操作していれば、**1日の半分近くを、前かがみ姿勢で過ごしている**といっても過言ではありません。

食生活や運動習慣が体形に現れるように、姿勢には生活習慣が現れます。たとえ週2~3回ジムやピラティスに通い、「良い姿勢」を意識しても、残りの5日間を前かがみ姿勢で過ごしていたら、姿勢が悪くなりお腹がつぶれるのは当然です。

逆腹筋を習慣にすれば、それだけでニュートラルな姿勢でいる時間が増えていきます。**就業前や休憩の前後、出勤時や帰宅時に外に出る前に逆腹筋をする。そして、5~10分程度は、整った姿勢を意識したまま過ごす**。ぜひ日々のルーティンにしてみてください。

道具がいらず、立ったまま行う逆腹筋は、生活の合間に組み込みやすいのもポイントです。続けやすいから習慣化しやすいですし、高い効果も期待できます。

正しい「骨の配列」は人間のパフォーマンスを最大化する

私は常々、「人間の体は『アライメントファースト』だ」と言っています。

アライメントとは、靭帯《じんたい》や関節によって結合されている、骨の配列のことです。人間の体は骨や関節が正しい位置関係にあることで理想的な姿勢を保つことができ、かつ体のさまざまな機能が担保されます。

人間の体は、アライメントが整い正しい位置関係にあるという条件においてのみ、**すべての筋肉や関節が良い状態になり、正しく働く**という法則があります。逆に姿勢が悪いと、人間としての機能を十分に発揮できません。

これは、テントをピシッと美しく張るには、安定した場所で正しくポールを組み立て、正しい位置に固定することが大事であるのと一緒です。

アライメントがどれだけ機能に影響するのかは、呼吸に意識を向けると簡単に体感できます。

まずは逆腹筋基本編で、姿勢を整えましょう。その後、両腕を下ろし、姿勢を保ったまま静かに呼吸を続けてみてください。

次に、上半身の位置を、左右どちらかにほんの少し、ずらして呼吸をします。どうでしょう？　とたんに胸が詰まったようになり、呼吸が浅くなりませんか？

体はとても繊細です。このように、**ほんのちょっとアライメントが崩れただけで、あらゆる機能が低下する**のです。

歩行もそうです。

直立二足歩行は、私たちホモサピエンスだけが持つ、素晴らしい機能です。ところがアライメントが崩れると、体がうまく使えないので、歩行の質も下がります。

猫背の人は猫背の姿勢での最高のスピードでしか走れませんし、ひざや股関節が曲がったり、偏平足だったりすると、高くジャンプできません。また、ひざが外側に倒れている人は、地面から受ける反力がまっすぐ脚に伝わりません。そのため、推進力に欠けて歩行が遅くなったり、足の外側ばかりが張ってきてO脚になったりします。

このまま放置すれば、アライメントはどんどん崩れていく一方です。

姿勢が悪いと、人間が長い歴史のなかで獲得してきた素晴らしい機能を発揮できなくなります。関節や筋肉が偏った使い方になり、一部の関節や筋肉、靭帯などに負担がかかることで痛みや不調も生じます。**ただ日常生活を送っているだけで、いわゆる「機能障害」が起こる**のです。

体の条件が良ければ、結果は変わります。

つまりアライメントという人間の条件が整えば、関節はスムーズに動き、筋肉にかかる負担も消え、今悩んでいる姿勢の悪さや体形の崩れ、さらには痛みや不調からも解放されるのです。

アライメントが整うと人間は持っている機能を十分に発揮し、自由に動くことができる。

アライメントが整うと習慣や加齢による骨の病気も予防する

逆腹筋によってアライメントが整い、筋肉や関節が正しく働くようになると、背骨や股関節の病気の予防にもつながります。

例えば、変形性関節症（軟骨がすり減り、痛みを起こす病気で、変形性膝《ひざ》関節症や変形性股関節症などがある）などは、加齢や筋力低下、習慣により発生するものもあり、その場合、逆腹筋は有効です。

皆さんは、背中や腰が曲がり、後ろの景色が見えるほどのO脚で歩く高齢者を見かけたことはないでしょうか？　人間の体はお腹がつぶれてくると、脚が自然と外側に開いていきます。逆に、**お腹を引き上げると脚は自然と体の中心に寄ってきます**。ですからお腹を伸ばしていく逆腹筋は、O脚や変形性膝関節症の予防になります。

また、現代の日本人に多いスウェイバックは、大腿骨と骨盤のアライメントが崩れるため、股関節のはまりが悪くなります。逆腹筋は骨盤の傾きを整えるため、変形性股関節症の予防にも有効と言えます。

ほか、中高年の側弯症《そくわんしょう》（骨盤が傾くことなどにより背骨が曲がって見える、あるいは背骨自体にねじれなどが生じる病気）予防にもおすすめです。側弯症は成長期までの子どもに多くみられますが、実は生活習慣によって中高年も発症する恐れがあります。特発性側弯症の発生率が2〜3％に対して、成人の側弯症は約60％という報告があり、高齢社会となった近年、無視できない姿勢からくる変形といえます。

例えば**姿勢が崩れたままデスクワークを長時間続けたり、横座りの姿勢でテレビを観たりするクセのある人は注意が必要**。逆腹筋は、腹筋、背筋を鍛え、体幹を強くするので、正しく座ることもラクになりますから予防策にヨシ、というわけです。

昔よりもO脚や猫背になった、姿勢を正して座るのがツライなどと感じたら、お腹がつぶれてきたサイン。見逃さず、こまめに逆腹筋を行って進行を食い止めましょう。

逆腹筋でインナーマッスルを美姿勢に形状記憶

これまで腹筋を中心にお話をしてきましたが、お腹をうすくするために実は腹筋と同じくらい重要なのが背筋です。

私たちが直立の姿勢をとれるのは、**背筋による上体を起こす力と、腹筋による上体が後ろに倒れないように前から引っ張って止める力**が、バランスよく働いているからです。

背筋と腹筋の力関係を見ると、背筋は腹筋の1.3〜1.5倍あります。ちなみに人間の背筋の力は体面積あたりでいうと、何と巨体であるゴリラよりもはるかに強いのです。

しかし**前かがみ姿勢になっている人は、腹筋だけでなく背筋も弱っている**恐れがあります。背すじをシャキッと伸ばした姿勢を、長時間維持できない。つまり本来の筋力バランスでは可能な直立の姿勢を維持できないのですから、「背中の丸くなっている人＝背筋も弱くなっている人」と言えます。

腹筋の働きは上体がそりすぎて倒れないよう、背筋の力を制御することです。つまり、背筋の上体をそらせる力が弱かったら当然、腹筋もますます働かなくなってしまいます。

逆腹筋では、腹筋だけでなく背筋も同時に鍛えられます。ぽっこり腹を解消するだけでなく、人間としてノーマルな筋力バランスに戻していく。これも、逆腹筋の素晴らしい効果の一つです。ここから、少し専門的な話になります。

背筋とは、具体的な筋肉名で言うと脊柱《せきちゅう》起立《きりつ》筋と多裂《たれつ》筋です。

脊柱起立筋は「腸肋《ちょうろく》筋、最長筋、棘《きょく》筋」という三つの筋肉の総称です。背骨の両側にある筋肉で、文字通り、上体を引っ張り上げて起こす筋肉。そして、「そる力」があります。

一方の多裂筋は、背骨を形成する椎骨に付着するインナーマッスルです。こちらは脊柱起立筋とともに一緒に、背骨の一つ一つを起こす働きがあります。

例えば、電車で居眠りをしている人がハッと目覚めたとき、丸かった背中がパンッとまっすぐ起きますよね。これは多裂筋の働きです。

脊柱起立筋や多裂筋、腸腰筋にスイッチが入る

もう一つ、逆腹筋を行うと**姿勢に関わるとても重要なインナーマッスル、腸腰筋《ちょうよう》も目覚めます**。

腸腰筋は腸骨筋《ちょうこつ》と大腰筋《だいよう》の二つの筋肉の総称で、腰椎、骨盤と大腿骨を結んでいます。腸腰筋は鼠径部《そけいぶ》をまたいで、体幹と脚につながる唯一の筋肉です。腰椎をぎゅっと下に引っ張って、腰椎の前弯を作ったり、腹筋とともに骨盤を安定させたりします。よく「脚を持ち上げる筋肉」とも説明されますが、姿勢保持のための働きが特に重要な筋肉です。腸腰筋が使えない人は骨盤が前に飛び出したスウェイバックの姿勢になってしま

います。

要介護の人と自立している人の差は腸腰筋にある、とも言われています。

超近視化社会で座りっぱなしの時間が多いと、背すじは丸くなります。すると、脊柱起立筋や多裂筋、腸腰筋は常に脱力状態に。動かす時間が少ないため、刺激が入らず弱化してしまいます。

逆腹筋を行うと、首を上に引っこ抜くときは多裂筋が働き、胸をそらす最終形態では脊柱起立筋が働きます。足指をキュッと上げて股関節の位置が整うと、骨盤もグーッと起きて腸腰筋のスイッチがオンになり、骨盤や下肢が安定します。胸もしっかりそらせるので、お腹にもよく効かせることができます。

多裂筋、腸腰筋らは常に働いている姿勢保持筋と言われる筋肉です。鍛えて筋肥大させるのではなく、「正しい使い方」を形状記憶することが大事。ですから、朝、起きたときに背伸びをするような感覚で、起床時や移動前、長時間座り続けた後など、1日の間に何度も逆腹筋を行い、習慣にするとかなり効果がアップします。

自然と「良い姿勢でないと気持ち悪いな」と感じるようになれば、形状記憶は大成功。その姿勢を維持する限り、一生、お腹は出ませんよ！（もちろん、食べ過ぎも要注意です！）

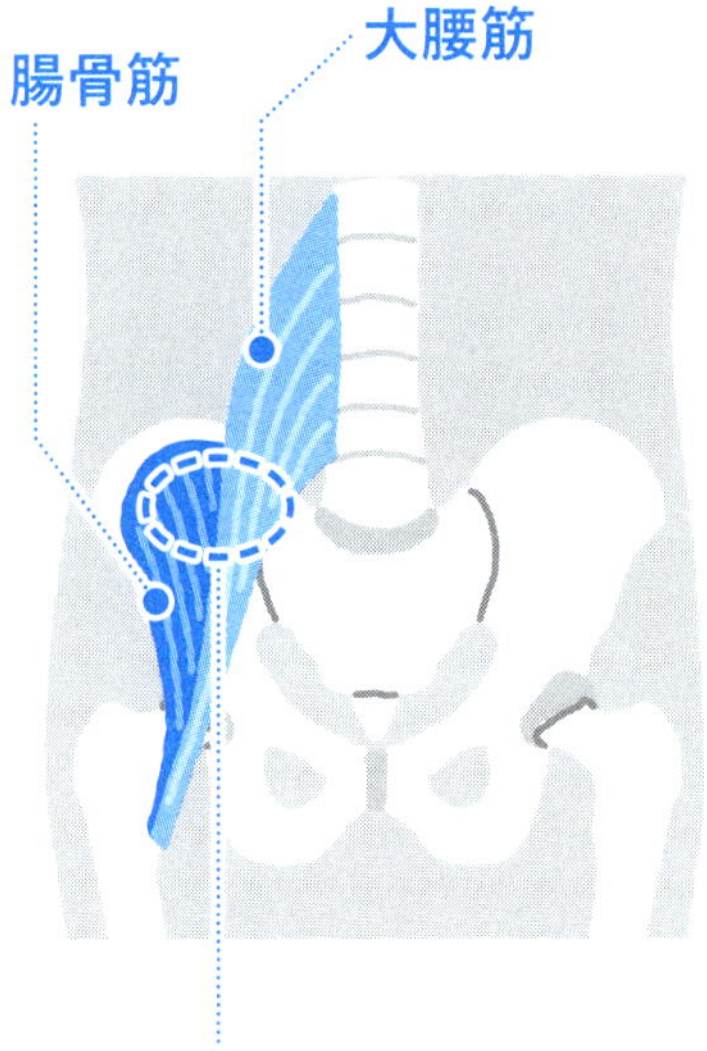

腸腰筋

骨盤を形成する左右の寛骨にある腸骨筋と、寛骨の前で胸椎・腰椎から大腿骨につながる大腰筋の二つの筋肉から成る。腰椎の前弯を作り、骨盤を正しいポジションで保持。

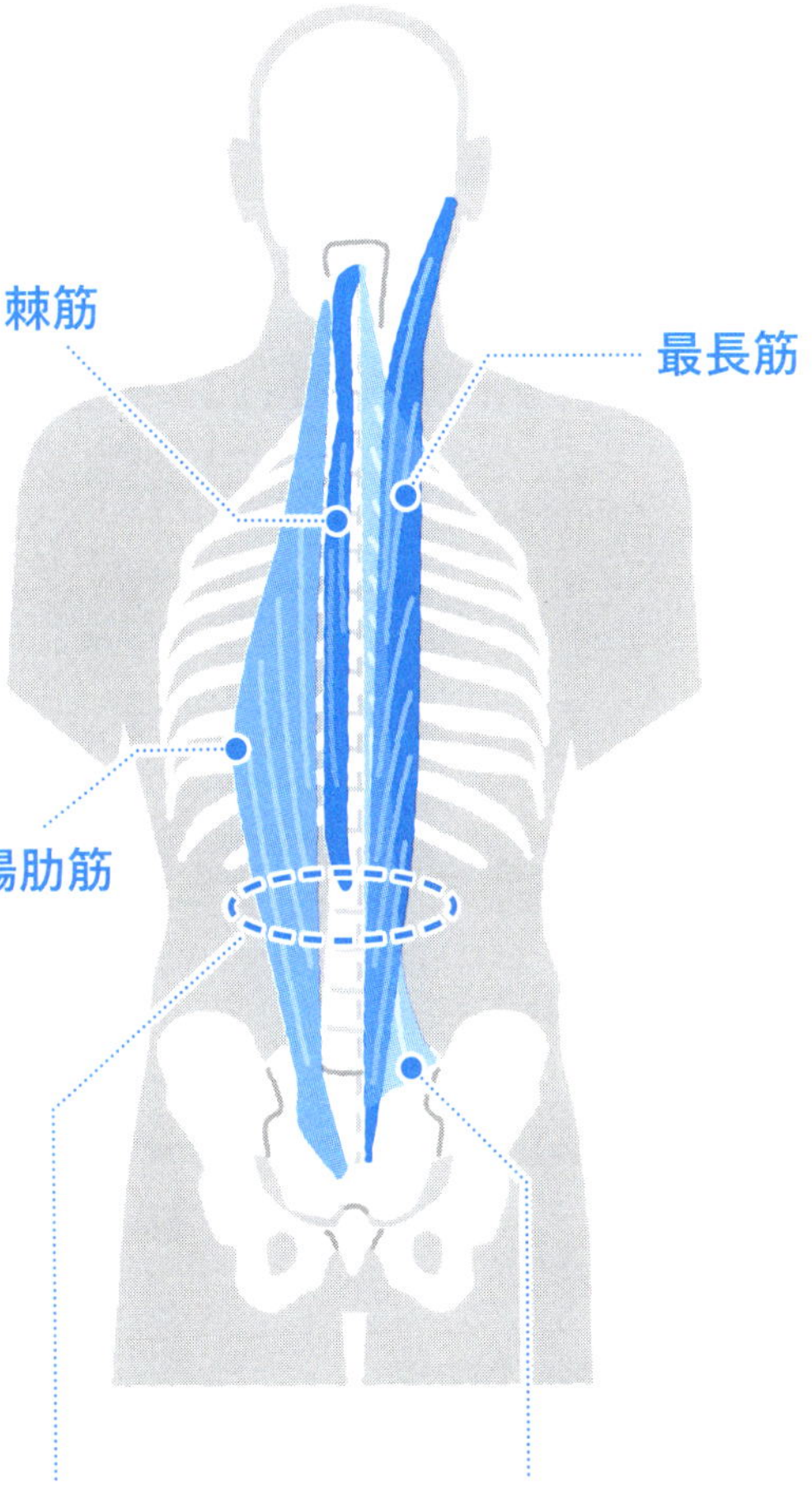

**脊柱起立筋
（腸肋筋、最長筋、棘筋）**

背骨の左右に位置する、腸肋筋、最長筋、棘筋の三つの筋肉から成る脊柱起立筋。背骨を引っ張り上げて上体を起こす。

多裂筋

背骨を形成する椎骨を3～5個ごとにまたいで付着。脊柱を正し、姿勢を支持する。

理想的な姿勢作りのコツは チンパンジーの 「ブラキエーション」

過去に姿勢の指導を正しく受けた経験がないと、アライメント（骨の配列）が整った〝ニュートラルな姿勢〟という状態がわからないと思います。もちろん逆腹筋を行うとニュートラルな姿勢に整いますが、背骨のS字カーブや骨盤の向きなど、骨格は自分の目で確認できないので、「本当に姿勢が整ったのかな？」と不安になりますよね。

そこで、「理想的な姿勢」とはどんな感じかを、簡単な方法で体感してみましょう。鏡の前で行うとイメージしやすいのでおすすめします。手順は以下のとおりです。

①天井から1本の糸で頭頂が引っ張られるイメージで、頭を高く引き上げる。
②肩と腕の力を抜き、両腕をブラーンと自然に下ろす。

首を長く保ち、肩と腕の力を抜き、両腕をブラーンと自然に下ろす

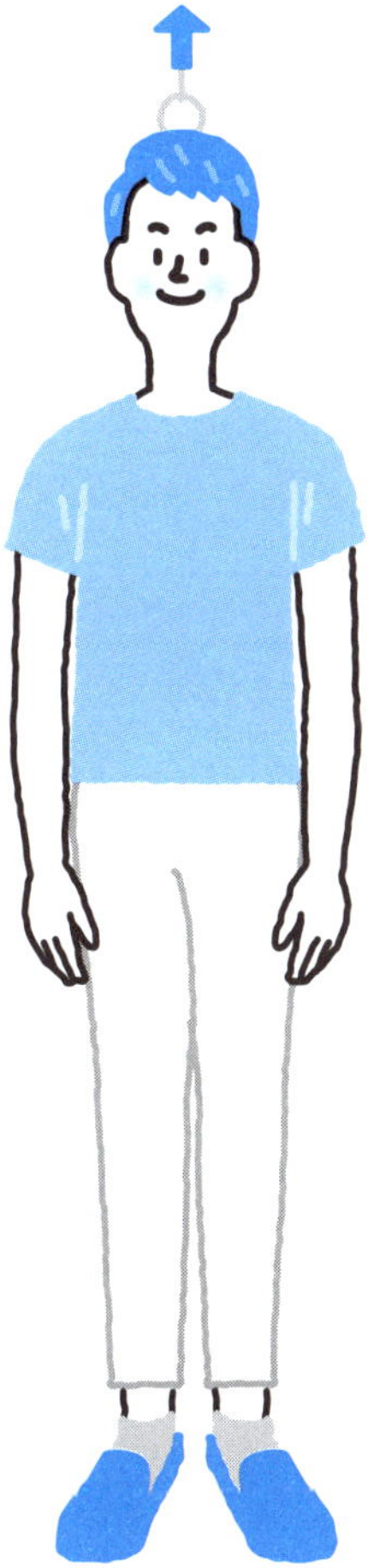

イメージは**「操り人形」です**。あるいは、ドラえもんの四次元ポケットから出てくる、「タケコプター」でつられているイメージ。ポイントは、とにかく頭が引っ張られる感覚を維持すること。頭のてっぺんから糸でつるされ、体を固めず、首や肩の力を抜きながら、**フワフワワッと上に引っ張られている感覚**のまま姿勢を作ります。

重要なのは、足元から骨が積み上げられて直立するのではなく、上から引っ張られ、ブラーンとぶら下がっているイメージを持つことです。

この「ぶら下がり」の姿勢は、「ブラキエーション」から着想しています。

ブラキエーションとは、木の上で暮らす霊長類にみられる「ぶら下がり」の運動を指します。木の枝を両腕を交互に振り出しながら移動する、アレです。チンパンジーやテナガザルで見覚えがある方は多いと思います。

人間は約700万〜600万年前、類人猿と共通の祖先から枝分かれする過程で、二本足で立ち上がり、ホモサピエンスに進化しました。ホモサピエンスに進化する前はチンパンジーと同じく木登りが得意だったことがわかっており、**ブラキエーションがなければ直立はなかった**とも言われています。

チンパンジーやテナガザルも木にぶら下がるとお腹はうすくなり、座るとぽっこりお腹が出る。
逆腹筋で胸をそらしたときにお腹が伸びるのは、ブラキエーションと同じ状態。

「ブラキエーションの状態から足が地面につき、類人猿とは異なる進化を遂げた」という説もあるくらいです。

人間の進化に欠かせない腹筋の遠心性収縮

ところが、現代の日本人は直立の姿勢でブラキエーションの状態が保てなくなり、お腹がつぶれてぽっこり出てしまうようになりました。木を渡るチンパンジーやテナガザルもスリムですが、地面に座るとたんにお腹がぽっこり出るのと同じです。

つまり、人間はせっかく腹筋と背筋を使った直立の姿勢を手に入れたのに、類人猿と枝分かれする前に戻ってしまったようなもの。そう考えると、ぽっこり腹を遠心性収縮で鍛える逆腹筋は、人間の進化という文脈でも非常に理にかなっていることがわかると思います。

本章の冒頭でお話ししたように、現代の日本人は情報化社会や近視化によって、歩く時間よりも座る時間、下を向いている時間のほうが長くなってしまいました。上を向かなくなったことで、腕を上げる回数も減り、本来、姿勢を保持するために備わっていた

「ぶら下がり」機能を使わなくなってしまった。その結果、**現代人の体はあらゆる機能不全を起こしています**。

逆腹筋で「ぶら下がり」機能に必須の遠心性収縮の力（伸ばす力）を鍛えれば、理想的な「ニュートラルな姿勢（アライメント）」という条件を取り戻せます。**痛みや不調もなく自由に動ける、自分本来の機能的な体が手に入る**のです。

視線と腕を上げるだけで「勝手に」姿勢がよくなる

遠くを見渡し、視野を広くすることは、腹筋を遠心性で使い、正しい姿勢を維持するうえですごく大切です。

実は日常生活の動作を少し変えるだけで、「逆腹筋的」体の使い方ができる場面は多々あります。習慣が姿勢に与える影響は非常に大きいので、ちりも積もれば山となる、の言葉通り**一つ一つの動作や行動を変えれば、確実に姿勢は変化**します。逆腹筋にプラスして日常生活のなかでこまめに実践し、理想的なアライメントを形状記憶していきましょう。

すべてのデバイスは「目の高さ」に持ってくる

スマホにタブレット、そしてパソコン。これらのデバイスを使うときは、顔を画面に近づけるのではなく、画面を自分の視線の高さに合わせます。姿勢は頭の位置で決まります。私自身もすべてのデバイスを視線の下がらない高さで操作しています。

特にデスクワークの方はパソコンに長時間向き合う必要があります。ノートパソコン

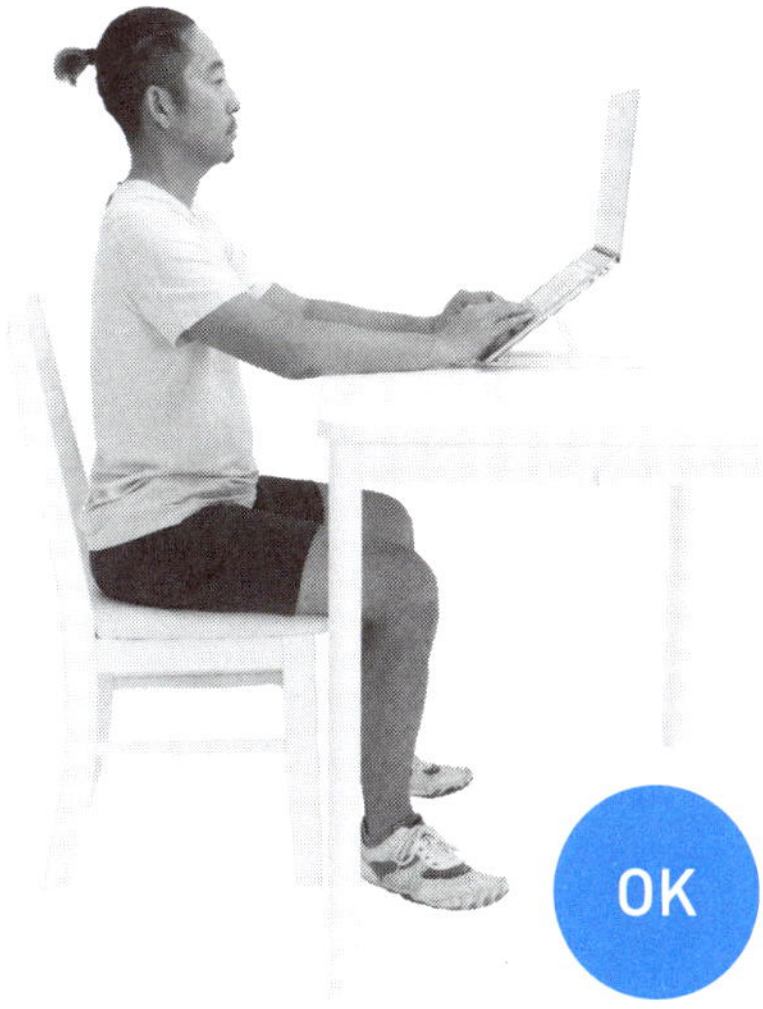

目線を高くするだけで、頭は正しい位置に戻り、胸は広がり、お腹も伸びてくる。スマホやタブレットを操作する際も、同じ要領で行おう。

の高さを変えられるスタンドや、高さを自由に調節できるスタンディングデスクなどを活用してみてください。

最初こそ疲れやすいと感じるかもしれませんが、ニュートラルな姿勢でいることがもっとも筋肉に負担がかかりません。**慣れてくれば、とてつもなく快適になります。**

さらに、休憩をかねてイスに座ったままできる逆腹筋（P.110）を行うと、その都度、姿勢がリセットできます。ついでに腹筋強化もできて一石二鳥です。

「移動中やカフェで、スマホをそんなふうに高く持つのは恥ずかしい」と思われるかもしれませんが、周りの人はあなたの健康や美のことまでは気遣ってくれません。気になるのは、きっと最初だけ。ぜひ継続してみてください。

あらゆるシーンで「体の伸び」を意識する

「体のつぶれる側を意識するか、伸びている側を意識するかで、体に起こる反応がまったく異なる」と、逆腹筋の基本編でもお話しししました。

日常のちょっとした動作のときも、常に「伸び」を意識する。これだけでアライメントが修正でき、逆腹筋的な運動効果が期待できます。

例えばタクシーを止めるときも、腕を上げている側のお腹から脚が「伸びている」と意識します。また、信号や電車を待つ時間、ラーメン屋や遊園地で並んでいるときも、頭と胸を上へ上へと伸ばして立つことを意識。無意識に片脚重心で立ったり、お腹をつぶしたりするのはご法度。

両腕を頭よりも上にこまめに伸ばす

人のお腹は、**目線よりも下にあるティッシュを取ろうとした瞬間からつぶれます。**家のなかの収納を少し工夫して、腕を伸ばす機会が増えるレイアウトにするのも手です。例えば、よく使う食器やタッパー、ラップやアルミホイルなどは、あえて戸棚の高い位置にしまう。ワイパーなどの便利なアイテムを使わずに、雑巾を持って手で窓ふきをしたり、高い場所ははたきを使ってほこりを落とすなどもよいでしょう。

腕を大きく使うと、肩甲骨が動きます。肩甲骨は鎖骨《さこつ》を介して胸骨とつながっているため、腕をよく使えば前かがみ姿勢で縮こまり硬くなった胸がほぐれて、しなやかさを取り戻します。また、腕の動きは体幹の筋肉とも連動しているため、腹筋もよく使うようになるのです。ちなみに床の雑巾がけも、肩甲骨をしっかり使えるうえ、姿勢を作る抗重力筋の一つ、前鋸筋《ぜんきょ》を鍛えるので効果的です。

もっと言うと、時々、本当にぶら下がれるといいですね。公園にある鉄棒でもいいし、懸垂バーや、ぶら下がり健康器が家や仕事場にあったら最高です。

休憩時間にぶら下がるだけで姿勢がリセットされますし、腹筋も遠心性収縮で鍛えられます。

ぶら下がり健康器は昭和時代に一世を風靡《ふうび》した健康器具ですが、いつの間にか物干し代わりになり廃れてしまいました。しかし、今の時代こそ一家に1台、必要な健康器具だと思います。もう1回流行らせたいくらいです。

毎日ぶら下がれば、皆、健康になってしまい病院に行く人もガクンと減ってしまうだろうなと思います。

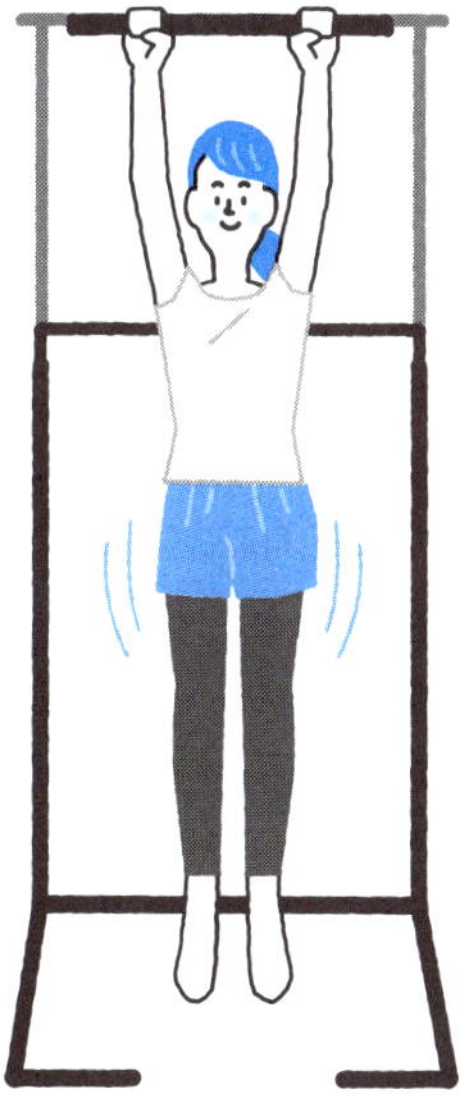

あなたは人間合格？ホモサピエンスチェックで人間力をチェック

さて、5種類のポーズにチャレンジです。

私は自分のクラスでも、最初にこれらのポーズチェックを行うことがあります。というのも、これらは直立二足歩行に欠かせない、「動的バランス」「立位バランス」「動き」「歩行バランス」の力を見る、チェックテストになるからです。

しかも、これらはトレーニングにもなります。できなかった種目は週1回程度、チェックを。逆腹筋とともに継続的に行うことで、アライメントを整えるだけでなく、あらゆる体の機能が正常に働き、健康な状態へと整うサポートになります。

❶かかとバランス
（動的バランス）

腰椎を前弯させて背骨のS字カーブを作り、上半身を前傾。
こうして中腰の姿勢でかかとでバランスできるのは、人間の機能の一つです。
また、腕を上げるときに働く前鋸筋や、
足裏のアーチを形成するすねの筋肉、前脛骨《ぜんけいこつ》筋も使います。

両足を腰幅に開いて立つ。両腕を肩の高さで正面に伸ばし、つま先を上げてかかとだけで立つ。10〜20秒キープ。

❷閉眼片脚立位（立位バランス）

目をつぶった状態で片脚立ちでバランス。
体のゆがみやバランス力の有無がわかります。
使われているのは体幹部と腸腰筋、
そして下腿三頭筋（ふくらはぎ）。
できるようになったら、つま先立ちになり、
両腕をバンザイのポーズでレベルアップを。

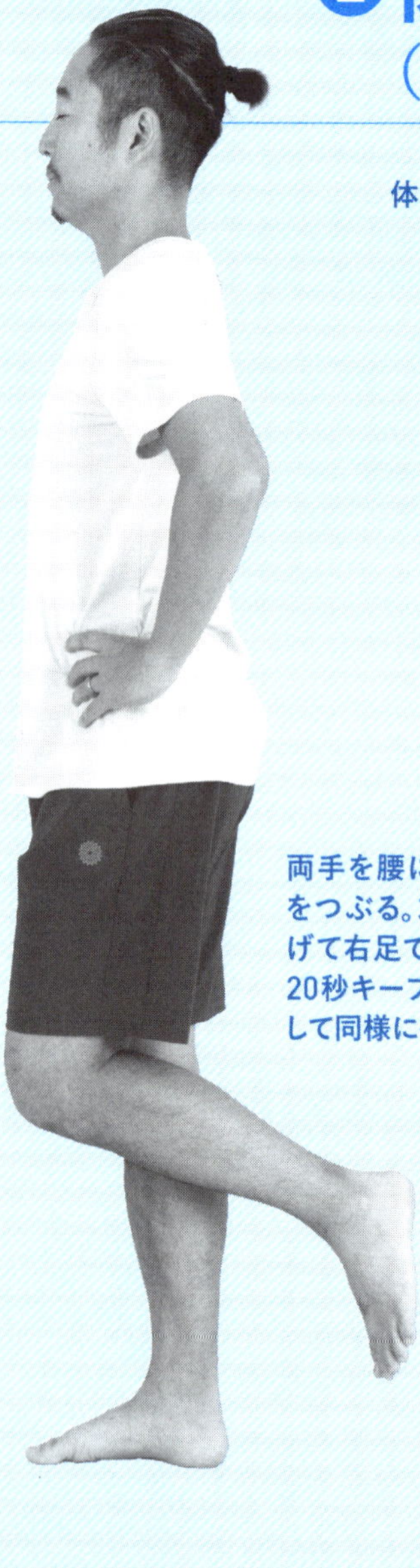

両手を腰に添えて、目をつぶる。左ひざを曲げて右足で立ち、10〜20秒キープ。脚を逆にして同様に行う。

❸回旋＋片脚バランス（動き）

歩行は上半身と下半身の回旋の連続です。
歩行に直結する「ねじる」動きで、腹筋、背筋、体幹、下肢、
そして股関節まわりのインナーマッスルなど、必要な筋肉をすべてチェック。
頭から足先まで、一直線の姿勢を保つことがポイントです。

両腕を肩の高さで左右に伸ばす。股関節から45度前傾しながら、右脚を後ろに上げていき、つま先まで伸ばす。

頭から足先まで一直線を意識しながら、胸を左右交互に各5回、ゆっくりねじる。脚を逆にして同様に行う。

④ジャンピング（動き）

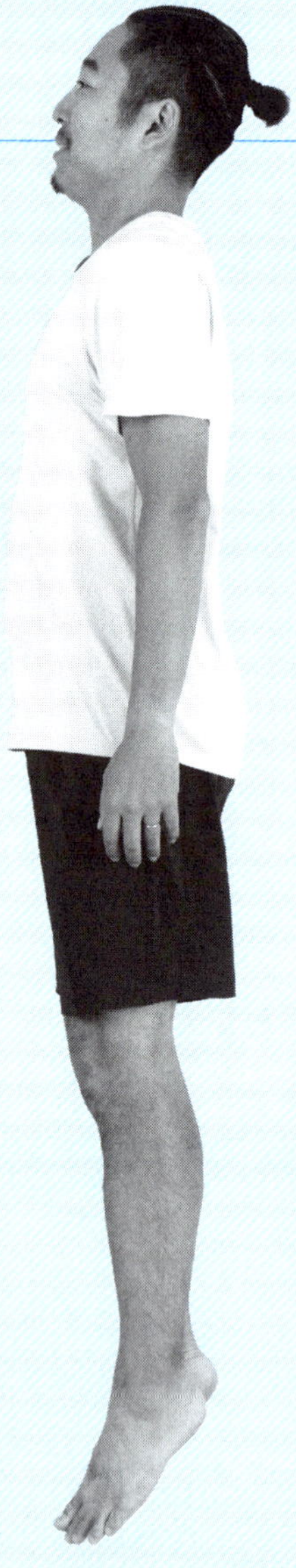

足首を柔らかく動かせる
ホモサピエンスだけが持つ機能の一つです。
足首が硬い人、足裏のアーチが崩れている人は、
高く跳べなかったり、
着地のたびにドスドスと大きな音が出たりしますが、
毎日続ければ足の状態もよくなり、
全身が元気になります。

両足をこぶし1個分空けて立つ。その場でジャンプを10〜20回繰り返す。ジャンプの瞬間、頭が天井から引っ張られる意識を持つ。つま先まで伸ばし、全身を使って伸び上がるようにジャンプする。

❺ダブルバランス（歩行バランス）

前後に足を開き、前足はかかと、後ろ足はつま先立ちと歩行を再現してバランスをチェック。人間の股関節は後ろに20度開きますが、これも歩行のために人間だけが持つ機能です。このポーズができるかできないかで、体の機能そのものにも大きな差が出ます。

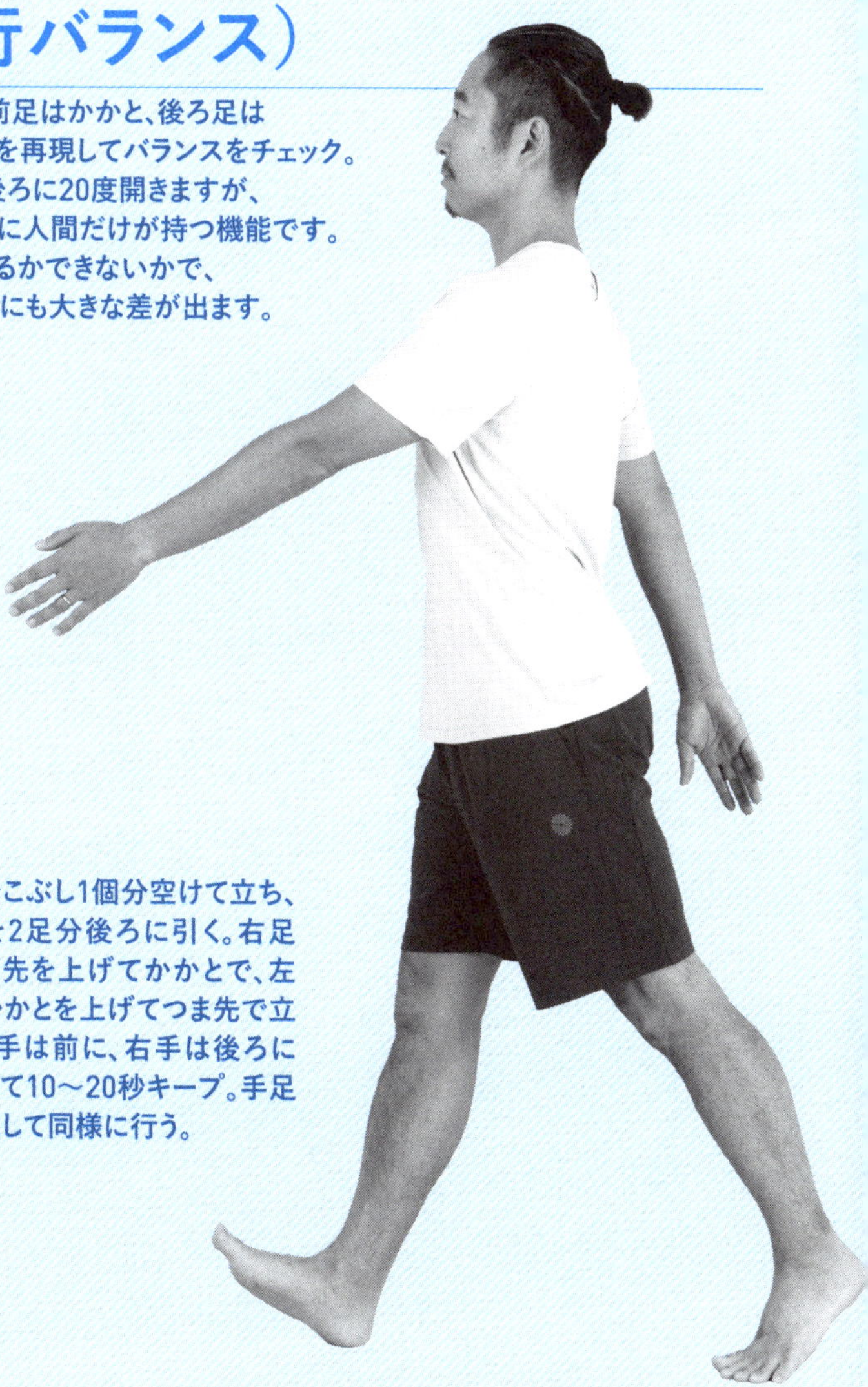

両足をこぶし1個分空けて立ち、左足を2足分後ろに引く。右足はつま先を上げてかかとで、左足はかかとを上げてつま先で立つ。左手は前に、右手は後ろに伸ばして10～20秒キープ。手足を逆にして同様に行う。

難なく全種目できたあなたは、ホモサピエンスとして合格です。歩いたり、バランスをとったり、人としての機能がきちんと働いています。引き続きいい状態が保てるよう、月1回程度のペースでこのチェックテストを行い、確認するといいですよ。

5種目のテスト&トレーニングを紹介しましたが、実はもう一つテストがあります。それが、**逆腹筋基本編の完成ポーズ（左の写真）です**。このポーズは人間だけが持つ胸椎伸展の可動域をみるテストであり、トレーニングでもあるのです。

重力の影響を受ける地上で、直立姿勢をとりつつ体をしっかりそらすことのできる哺乳類は、人間以外ではアシカぐらいしかいません。動物は陸上でそると重力によってつぶれます。例えば馬は一瞬立ち上がることはできても、そることはできませんし、イヌ科の動物も、ブリッジができたり、ヨガのポーズのように頭の後ろに足をまわせるほどはそれません（彼らにしてみれば、体をそらせるメリットがないのですが……《笑》）

これからはバランストレーニングにも注目

逆腹筋と先ほど紹介した5種目が完璧にできる人は、人間としてノーマルな体であるとわかります。つまり、正しい姿勢を維持し、日常生活を快適に健康的に過ごすためには、これらの6種目さえ続ければ十分とも言えます。

もう1種目何か加えられるならば、バランスに特化したトレーニングです。**直立二足歩行は、非常に飛び抜けたバランス能力を必要とする高度な機能です。**しかも私たちは二足どころか、片方の脚だけで立つことも、ケンケンで前に進むこともできる。こんな離れ業ができる哺乳類は、地球広しといえども人間だけなのです。

実は今、感度の高い人たちの間で、一本下駄やスラックライン（綱渡り）など、バランスを磨くトレーニングが一部で注目されています。体を十分に使わなくなった現代、今後は一般の人たちの間でも、バランスへの興味が高まり、それを維持するためにトレーニングが行われる時代が来るのではないでしょうか。

逆腹筋の基本ポーズも胸の柔らかさを診断できる、ホモサピエンスチェックの一つ。

どんなに歩いても姿勢が悪ければ健康になれない

早速ですが、完全版で行う肩甲骨を寄せる逆腹筋（P.106）で胸を開いたら、組んだ両手を返しながら腕を頭上に伸ばし、肋骨を持ち上げるようにグーッと全身で伸びをしてみましょう。逆腹筋の伸び（P.98〜99）を両足をつけて行う感じです。そして両腕をラクに下ろし、かかとに重心を置きます。歩くときの姿勢も、この「頭が上から引っ張られる」感覚を忘れないでください。

ウォーキングや登山が趣味の人たちは、歩く前に逆腹筋を行うと、姿勢が整い、歩くのがラクになり、しかもケガのリスクも低下します。歩いている途中であれば、前述の

「逆腹筋的」体操をサッと行うだけでも違います。

人間は歩く動物です。

マグロが流線形の形をしているのは、水の抵抗をもっとも少なくする最適解だからです。人間が今の体つきになったのも、直立二足歩行の最適解だから。人間の体のすべては、歩くために備わった機能です。

例えば、人間の股関節は20度伸展しますが、この機能を使う機会は、歩行時に地面を蹴り出し、脚が後ろに流れたときだけです。このとき足首やひざも伸びますが、これらも人間だけが持つ機能です。

腰椎が前弯しているのも、歩くときに重心が前に移動し、推進力につながるからです。もしも、腰椎が後弯していたら、人間は後ろに向かって歩いたでしょう。

このように、**人体のさまざまな構造は歩行につながって**います。正しく歩けるということは、マグロが正しく泳げているのと一緒で、人間の機能を最大限に使えている、ということ。逆も然《しか》りで、正しく歩いていれば、人間としてのすべての体の機能が整い、働き始めるのです。ですから、歩く機会はなるべく多いほうが、間違いなく良いのです。

一方で、正しく歩行できない――アライメント（骨の配列）の崩れた状態で歩き続けると、さまざまなトラブルの引き金になります。**アライメントが崩れれば、当然、筋肉や関節の使い方にも偏りが生じます**。すると、一部に負担がかかり、骨格のゆがみや、ひざや腰を痛めるリスクが生じます。つまり、健康効果が得られにくいばかりか、歩くほど体を壊すことになりかねません。

歩行が健康に寄与するのは、正しい姿勢であってこそです。だからこそ、歩き始める前に、逆腹筋

正しい歩行時の姿勢

歩行時のNG姿勢

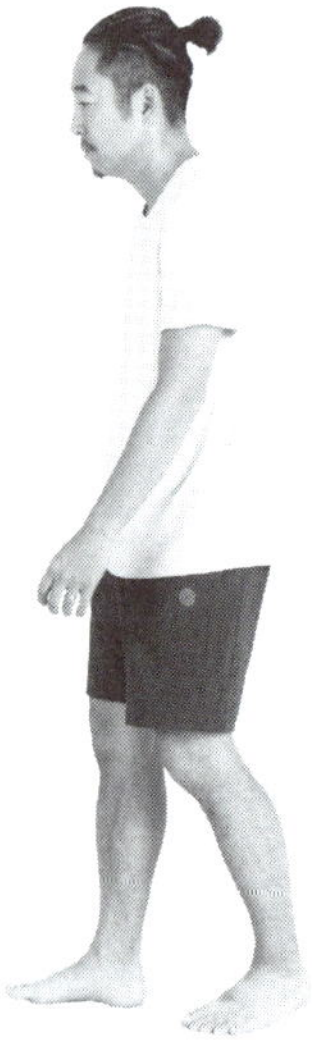

を行ってほしい。アライメントを整え、**ニュートラルな姿勢で歩き始めることが重要**なのです。

いざ歩き始める際、もう一つアドバイスを。

よく、メディア等で「しっかり腕を振りましょう」「しっかり太ももを上げましょう」などのアドバイスをされる医師もいますが、そんなことは何も気にする必要はありません。

人間の体はもともと、歩くために機能的にできています。つまり、ニュートラルな姿勢であれば、オートマチックに正しく動作できるようになっている。あれこれとヘタに動かしたり、考えすぎないほうがいいのです。

大事なのは、逆腹筋でニュートラルな姿勢に整え、その姿勢を保持したまま視線を遠くに向けて歩くこと。これだけです。あとは日々、歩くことを習慣化すれば、体は明らかに良い方向へと変化します。

逆腹筋で足裏のアーチが復活する

逆腹筋には「足の指を上げる」という準備動作があります。足指を上げると、偏平足の人も自動的に足裏のアーチが復活します。これは、**親指を床から上げる（伸展させる）と、足裏の腱膜《けんまく》が前方にギュッと引っ張られることで、足の骨も前方に引き寄せられるため。結果、足裏のアーチが高くなる**現象が起こるのです。

足裏のアーチを維持することは、直立二足歩行の人間にとって非常に重要です。アーチはわかりやすく言うと「バネ」のような機能を持っています。足を地面に安定させながら、走ったり、ジャンプしたりしたときに地面からの衝撃を吸収し、体にかかるダメージを軽減してくれます。また、床反力が強くなるため蹴り出しがよくなり、基本的な運動能力もグンと上がります。これは「ウィンドラスメカニズム」といって、スムーズな歩行を促す機能のこと。簡単にいうと大またで颯爽《さっそう》と歩けるようになるのです。

さらに、**足裏のアーチが上がると、すねが地面に対してまっすぐに起きてきます。**すねがまっすぐ上に伸びればその上の太ももまっすぐ伸び、骨盤も起きてくる。するとお腹から上半身も伸び上がり、ニュートラルな姿勢に導いてくれます。

逆に言えば、アーチがつぶれると、すねは前に倒れ、骨盤は後傾。**どんなに上半身をまっすぐにしようとしても、お腹がつぶれ姿勢も悪くなります。**また、足裏のバネがきかないので、地面からの衝撃を体がまともに受けてしまい、ペタペタと歩いたり、うまくジャンプができなかったりします。

足裏のアーチは、まさに縁の下の力持ち。逆腹筋で足指を上げるアクションを繰り返し行い形状記憶することは、足裏のアーチを維持することはもちろん、偏平足解消のトレーニングにもなります。

日本人が苦手なヒールも逆腹筋なら履きこなせる

現代の日本人に多いスウェイバック姿勢は、お腹を突き出すような立ち姿です。前かがみの猫背姿勢と、後傾した骨盤が特徴で、股関節やひざも曲がっています。

実はスウェイバックの人はヒールを履くと、余計に骨盤の後傾が強まります。

というのも、**スウェイバックの人がそのままつま先立ちになると、前にバタンと倒れ込んでしまう**からです。体はバランスをとるために股関節やひざをさらに曲げて骨盤を後傾させるか、逆に、腰のそりを強くするなどして、何とか倒れないようにアライメントを修正します。

これでは、もっと姿勢が崩れるので、余計にうまく歩けません。結果、どんなに美しいヒールの靴を履いても、颯爽と足を運ぶことはできず、ベタベタと歩いたり、つんのめるように歩いたりと、残念な歩き方になってしまうのです。

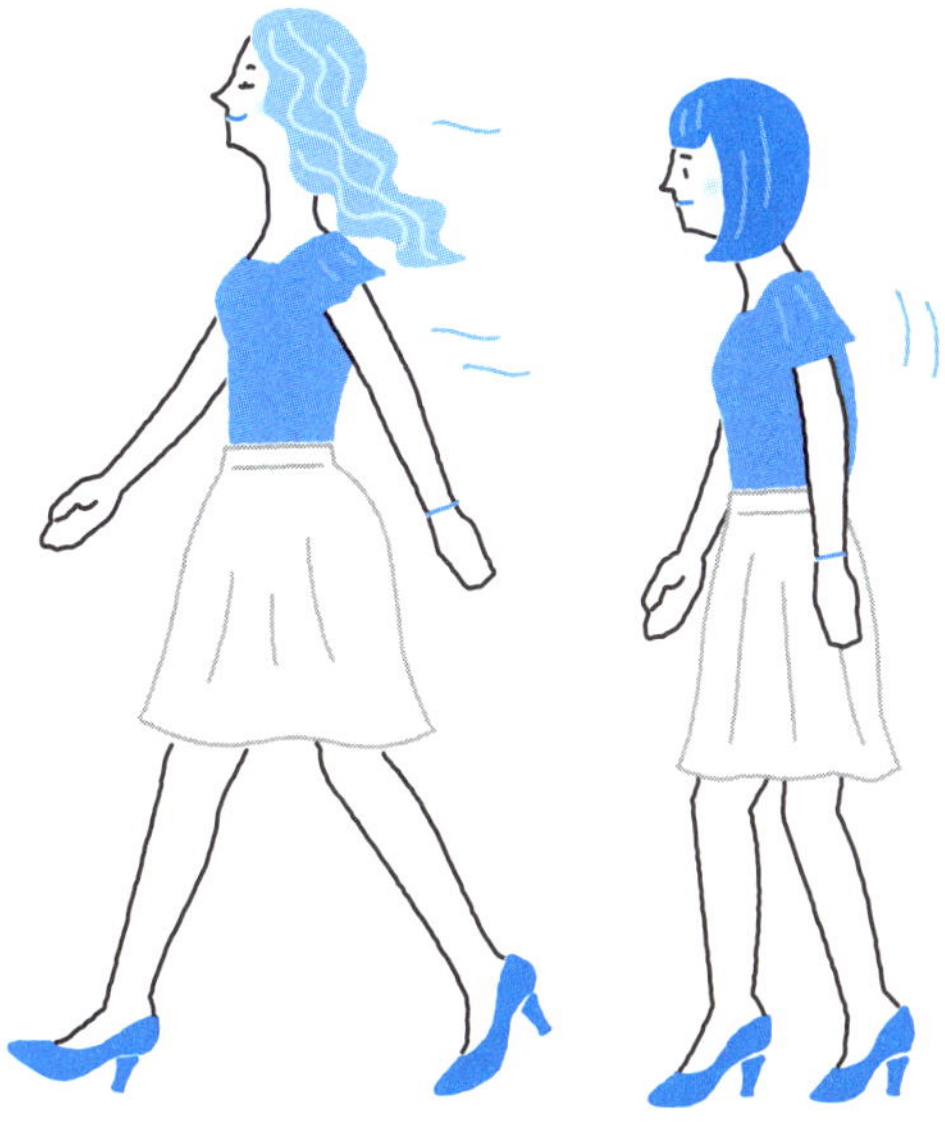

西洋人と日本人では体つきも体の使い方も異なる。西洋文化のヒールを日本人が履きこなすには、西洋的な体の使い方をすることが必要だ。

逆腹筋でニュートラルな姿勢になると、ヒールで歩く姿もたちまち美しくなります。**全身が上に伸び上がり、胸が開き、腸腰筋に力が入るので骨盤も安定**します。この姿勢を意識したまま歩き出しましょう。

ヒールで長時間歩き続けるには、崩れた姿勢を繰り返しリセットしたり、お腹を遠心性で使う意識を持ったまま歩く練習も必要です。

少々残念なお話ですが、実は日本人の体とハイヒールの靴は、あまり相性がよくありません。ハイヒールの靴は西洋生まれのアイテムです。ですから、そもそもが西洋人にみられる体の特徴――胸が開いていて、腰椎の前弯が強く、背筋が強い――とヒールはとても相性がいいのです。

西洋人と日本人では、**同じ人間でもアライメントの特徴が異なります**。これは長い歴史のなかで、それぞれの地域の気候や文化に適応したためです。

大まかに言うと、日本人は筋肉量が少なく、腰がストンと落ちた重心の低い体つき、西洋人は筋肉量が多く、空に向かって上へと伸びていく体つきが特徴です。

よく言われるのは農耕民族と狩猟民族の違いですが、例えば伝統芸能や武道の構えを見ても違いは明らかです。日本の能や歌舞伎、日本舞踊は腰を落とし、**丹田《たんでん》（下腹）に重点を置きどっしりと構えます**。そして、日本の着物や袴《はかま》を着用する際は下腹で腰ひもを締め、歩くときはひざを少し曲げて小股のすり足で歩きます。

一方、西洋の伝統芸能を代表するバレエは皆、**上へ上へと伸び上がる構えが基本**です。背筋も腹筋も強いので、大きくそることも得意です。腰の位置が高く筋肉も発達しやすい西洋人は、ウエストの位置が高いドレスやハイヒール、かっちりしたスーツが似合います。

骨格や筋肉の付き方が異なれば、体が心地よいもの、似合うものも異なります。着るものや履き物のスタンダードが異なるのも当然ですよね。

バレエの姿勢と動きで着物を着ても様にならないのと同じで、私たち日本人が西洋風のドレスやヒールを着用するなら、西洋の身体性に寄せないと様になりません。

それは、逆腹筋で胸を開くことである程度可能になります。

西洋人にはなれなくても、うまく体をコントロールできればおしゃれももっと楽しめます。そんなことを理解しながら、西洋のものを使いこなせるといいですね。

逆腹筋コラム ③

寝起きや一息ついたときに「伸び」をしない人はキケン

皆さんは「ホメオスタシス」という言葉を耳にしたことはありますか？　ホメオスタシスとは、置かれた環境や体の内部が変化しても、体の状態（体温や血液、免疫などの状態）を一定に保つ能力のこと。例えば、極寒の地でも体温が急激に下がらないような力を指します。

さて、皆さんは朝起きたときや仕事で一息ついたとき、「ウーン」と自然に伸びをしますか？　伸びをする人は、悪い姿勢や固まった体をリセットしたい、体をニュートラルに戻したい、というホメオスタシスが働いている証拠。しかし、そういえばしないかも……という方はホメオスタシスが機能していないかもしれません。

ホメオスタシスが起こす反応を無視し続けると、恐ろしいことに機能停止に追い込まれます。例えば便意もそう。朝食後、「急いでいるから」とトイレを我慢すると、便秘になります。

しかし、スイッチが入らなくなっても、「入るように行動する」ことが大事です。トイレに行きたくなくても朝食後は必ずトイレに入る、朝起きたら逆腹筋をする。するとホメオスタシスが目覚め、体を良い状態に保つ力を取り戻せます。人間の力って素晴らしいですよね。

chapter

健康・QOL

4

逆腹筋をするだけであなたは全自動で健康になっていく

逆腹筋でお腹を伸ばすと腰痛やコリが消える

お腹を伸ばし、胸をそらして姿勢を保つ「逆腹筋」は、腹部の筋肉群が伸びながら収縮し、上体が後ろに倒れすぎないようコントロールしています。

お腹は肋骨のような骨格がないぶん、前屈したり後ろにそったり、左右に倒したりひねったりと、さまざまな動作が容易にできます。

一方で、**お腹は動きの自由度が高いぶん、動きすぎて不安定になりやすい**部位でもあるのです。

胸をそらせているとき、当然ですが背骨もそらせています。

背骨を構成するのは、首の頸椎《けいつい》、胸の胸椎《きょうつい》、腰の腰椎《ようつい》、あとは骨盤内にある仙骨《せんこつ》と尾《び》骨《こつ》です（P.64）。

背骨のなかでもそる動作がもっとも得意なのは、頸椎と腰椎です。そのため、体を伸ばす動作の際、**腰椎は特にそらされやすい傾向があります**。結果、背骨の約2割でしかない腰椎に負担が集中し、腰痛や腰の詰まりなどの原因になるのです。

逆腹筋で胸郭《きょうかく》を持ち上げ、お腹を伸ばすと、腹筋群は非常に安定して力を発揮するようになります。こうしてふだんから腹筋群を鍛えておけば、**腹筋が天然のコルセットのように働き、体の安定感が高まり**ます。

逆腹筋は腰をそらすものと誤解されやすいのですが、実際に動いているのは胸郭であり胸椎です。

骨盤は固定されて動かないので、腰や腰椎も一切動かないのが理想です。つまり、腰を痛めがちな上体起こし運動とは異なり、腰椎が守られた状態で腹部の筋トレができるのです。

さらに逆腹筋で背骨の6割を占める胸椎が柔軟に動くようになると、以前は腰椎に集中していた負荷が分散。痛みもなく、ラクに体をそらせるようになります。正しく行えば、腰を痛めたり、腰の詰まり状態になったりする心配もありません。

多くの日本人は油断をすると、前かがみの猫背姿勢になりがちです。頭が前に出て巻き肩になり、胸は落ち、骨盤は前に出ています。さらに腹筋がないと、重力に負けてお腹がつぶれ、背骨や骨盤にもゆがみが生じ、骨格が崩れます。

すると、筋肉に動きにくい部分が出てきて偏りが生じ、関節がつぶれる事態に。可動域も狭まり、思うように運動できなくなってしまうのです。

そして、崩壊した骨格をどうにか支えようと一部の筋肉を過剰に働かせることになり、痛みやコリを引き起こすのです。

逆腹筋を続けていけば、**お腹は伸び、胸は開いて上がり、巻き肩は解消され、前に倒れていた頭や首の位置も整います**。頭や首、肩まわりなど一部の筋肉を過剰に働かせることもなくなり、首コリや肩コリ、頭痛といった不調も消えていくのです。

もちろん、お腹の筋肉群がきちんと働くので、体幹も安定。長年不安を抱えていた腰の痛みともオサラバです。

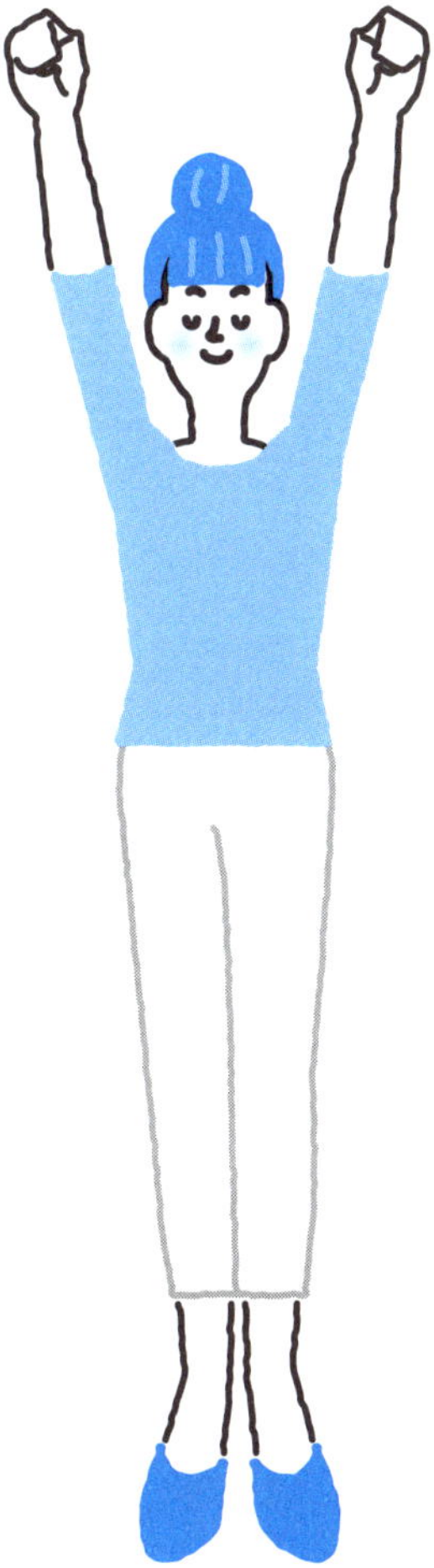

逆腹筋でお腹を伸ばすと疲れにくくなる

胸が下がり、お腹がつぶれる前かがみの猫背姿勢でいると、内臓は圧迫されてしまいます。

体の隅々に血液を送り出す**心臓が圧迫されれば、当然血圧も上がります**。それが息切れや動悸を引き起こす原因になる可能性があります。

肺が圧迫されると、浅い呼吸になり、エネルギー効率が落ちて疲れやすくもなります。

胃腸などの消化器官が圧迫されれば、食物の消化がうまくいかなくなって胃もたれがしたり、胃液が逆流しやすくなったりします。お腹がつぶれる姿勢は胃の不調の原因にもなるでしょう。

このように、前かがみ姿勢で内臓が圧迫されると、さまざまな異常が起こります。

しかし逆腹筋をすれば、胸が開いてお腹も伸びるので、内臓は圧迫力から解放されます。

心臓は圧迫されることもなく、胸が開けば肺も広がるので、息が上がったり、呼吸が浅くなることもなくなり、深い呼吸が容易にできるようになります。

深い呼吸によって体内に多くの酸素を取り入れられれば、交感神経と副交感神経のバランスが整うので、疲れにくい体に。

また、前かがみの姿勢を正し、胃が圧迫されなくなると、消化不良が解消したり、胃液の逆流が起こることもなくなります。胃の不調が一掃できるのです。

血圧は上がらないし、呼吸も息苦しくならないし、疲労感もまったくない。快適な状態をキープできるようになるでしょう。

逆腹筋でお腹を伸ばすとビジネスシーンにも自信がわく

物事に対する心構えや態度のことを「姿勢」と言ったりしますね。これは本当にその通りで、私は体の**姿勢がその人自身の心の状態を表している**と感じます。

胸を開いてお腹を伸ばした堂々とした姿勢は、相手に安心感を与えます。隠しごとをせずに本音で人と向き合うことを、「胸襟《きょうきん》を開く」と言いますが、胸を開いていると相手にオープンで親しみやすい印象を与えられます。

反対に、堂々としていないといけないビジネスシーンなどで猫背などの悪い姿勢をとると、相手に不安や不信感を与えかねません。

また、**姿勢は自律神経の働きにも深く関わって**います。

自律神経には心身を活発に働かせる交感神経と、心身をリラックスさせる副交感神経があります。交感神経と副交感神経がバランスよく入れ替わりながら働くことで、心身の健康は保たれます。

お腹の力が抜けた姿勢をとると、副交感神経が優位になり、心身はお休みモードになります。

逆に胸を開き、お腹を伸ばす姿勢をとると、交感神経が優位になるので心身はアクティブモードに切り替わるのです。

もし緊張する会議や大事なプレゼンがあるのなら、その前に逆腹筋を行ってはいかがでしょうか。胸を開き、お腹を伸ばした堂々とした姿勢を作るほうが、心をコントロールするよりもはるかに簡単です。交感神経にスイッチを入れてから話せば、「元気で素敵な人だな」という印象を与えることもできるはず。

長時間のデスクワークは、現代人の姿勢悪化の引き金になっています。

休憩時やトイレに行くたびに、逆腹筋を取り入れるのもいいでしょう。デスクワークで崩れがちな姿勢や骨格が本来の正しい位置に戻るほか、交感神経が優位になれば頭の回転が速まり、集中力も上がります。

仕事中や勉強中に眠くなってきたら、あくびが出たり、伸びをしたりしますね。伸びの動作はお休みモードの体を起こそうとしているし、あくびは強制的に深い呼吸を促し、酸素を取り込むことで脳の疲労を癒しています。

眠くなったときこそ、逆腹筋をしましょう。

胸を持ち上げて肺を広げれば、**換気がよくなって脳の疲労もとれ、体を伸ばすのでリフレッシュでき、血流もよくなり頭が回りはじめます。**

しっかり息を吸いながら胸をそらして開き、お腹を伸ばす姿勢を作る逆腹筋は、ビジネスシーンでハイパフォーマンスを維持するために大いに役立つのです。

after
before

逆腹筋でお腹を伸ばすと気持ちが前向きになる

人間は本来、群れを作って生きていく動物です。パートナーや家族、仲間とコミュニケーションをとり、獲物や収穫物をシェアしたりして、みんなと一緒に時間を過ごしていく。

そして広い大地で、遠くを見て歩いていれば、病気にもなりにくいのです。

しかし現代では核家族化が進み、1人暮らしの人も増えています。プライバシーが重視されるようになり、人と関わらなくても生きていけるようになりました。

1人で体を縮める**防御姿勢をとり続けると、やがて心身の病気に**なってしまいます。この防御姿勢とは猫背や巻き肩、お腹や腰がつぶれて丸くなるといった悪い姿勢の典型です。

防御姿勢をとると、自分1人で何もかも抱え込んで引きこもったり、周囲の人に対して疑心暗鬼になったり、自分自身のエゴが強くなっていきます。いつもネガティブな感情が渦巻くようになり、心の不調が起こるのです。

良い姿勢は上へ上へと伸び、左右だけでなく全方位に開いていています。心も開かれて、みんなと分かち合うことができます。

姿勢の良し悪しは、心の在り方、つまり精神状態にも大いに影響しているのです。

胸を開いて持ち上げ、なdなめ上を見る逆腹筋なら、視野も高く広く保てます。遠くまで見渡せるので、より多くの情報を得られるし、可能性も引き出せるし、物事を客観的に見られるようになります。

さらに、いつも気持ちに余裕があって安定しているので、ありのままの自分を見せることができ、先入観を持たずに広い心で相手を受け入れることができるのです。

もしネガティブな感情があふれて止まらず、心の不調を感じるときは、ぜひ逆腹筋をしてみてください。

胸が開いて呼吸がしやすくなれば、自然と自律神経のバランスが整って、**心が穏やかになったり、気持ちが前向きに**なったりします。

また、視野が上へ横へと広がると、今までの偏見を取り払って新たな視点を見つけられ、新しい知恵や教養も身についていきます。

姿勢をよりよく整え、視野を広げていくと、自分自身のキャパシティを広げていけて、物の見方や捉え方ももっと自由になっていきます。

胸を開いてお腹を伸ばすことで、気持ちが元気になるばかりか、自分自身の視点や価値観にもいい影響があるのです。

心の健康を保ち、自分の人生の可能性や楽しみを広げるためにも、ぜひ逆腹筋を活用してみてください。

chapter 4 逆腹筋をするだけであなたは全自動で健康になっていく

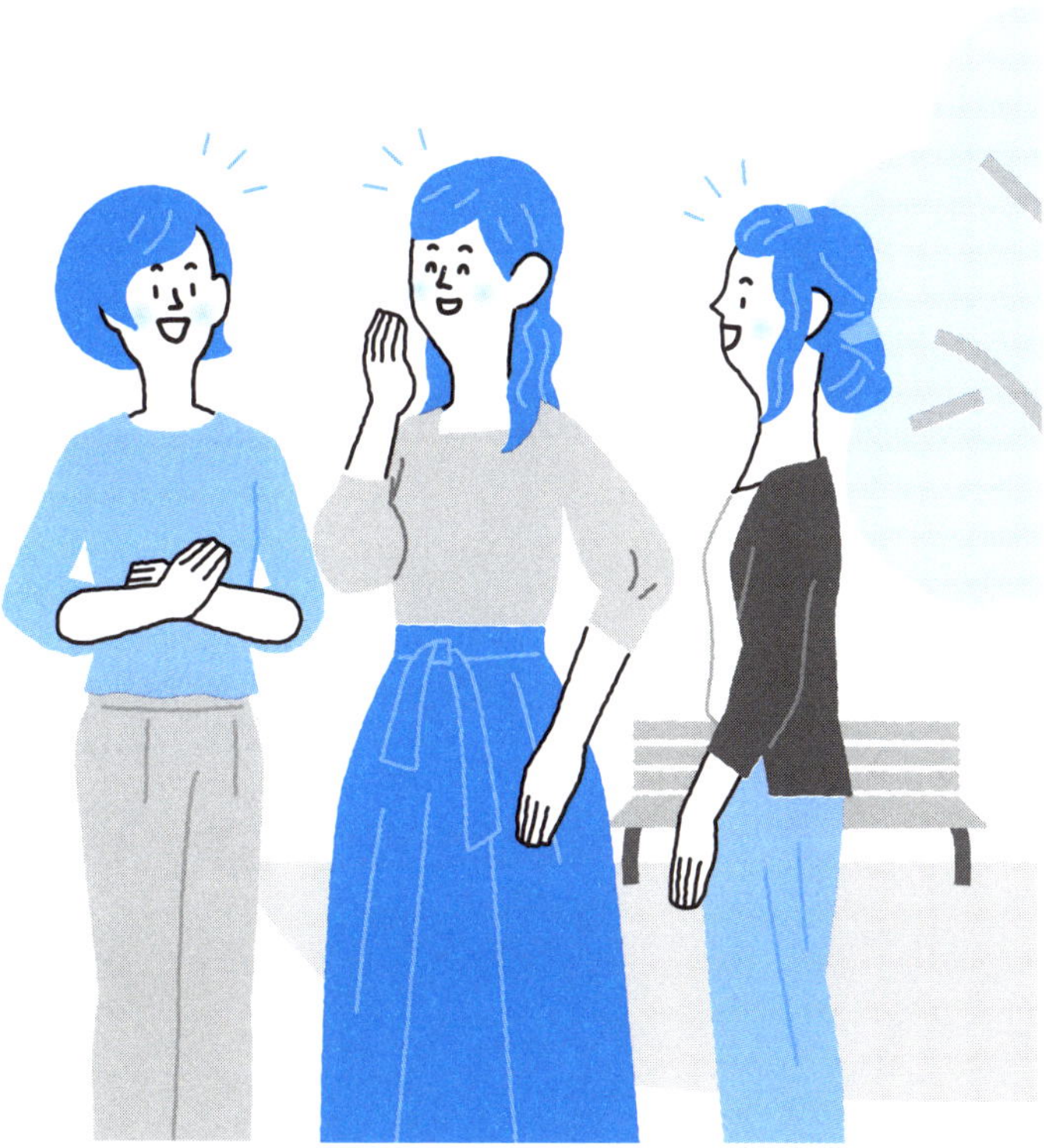

逆腹筋でお腹を伸ばすとスポーツも上手になる

逆腹筋で姿勢が整うと、ねじる動き（回旋）がしやすくなります。反対に猫背や頭が前に出るなど姿勢が崩れると、ねじる動きが難しくなるのです。

ほとんどのスポーツには、回旋の動きがあります。野球やゴルフでボールを投げるにしても打つにしても、海やプールで泳ぐにしても、体をねじる回旋の動きは欠かせません。言い換えると、体の回旋がうまくできると、**ほとんどのスポーツのパフォーマンスは自動的に上がっていく**のです。

さらに逆腹筋を続けると、胸が柔らかく開いていくので、頭上で手や腕を動かすオーバーヘッドの動作もしやすくなります。野球のピッチングやバスケットボールのシュート、バレーボールのスパイク、テニスやバドミントンのスマッシュなどです。

ちなみに、バレーボールの選手に腰椎分離症がよくみられます。腰椎分離症とは、背筋はしっかりあるのに腹筋が弱いため、腰椎の後方部が詰まり、疲労骨折してしまう障害です。

逆腹筋をすれば、胸は柔らかくなり、骨盤とお腹は固定されて安定するので、腰椎分離症など腰の障害の予防にも役立ちます。

武道をしている人にも、逆腹筋は有効です。逆腹筋をすると骨盤と股関節の安定に働く腸腰筋《ちょうようきん》に力が入るので、体幹がぶれなくなり、身のこなしが素早くなります。

さらに体幹がしっかりすると、腕を大きく振ったり素早く振ったりといった、体の末端のコントロールが容易になります。反対に体幹という体の土台が安定していないと、体がふらついてしまい、末端の手足を素早く振ったり動かしたりできません。

また、ウエイトリフティングのバーベル等、重い物を持ち上げる際も、体幹がしっかりしていないと、重い物に引っ張られてグラグラしてしまいます。

スポーツにおいて、体幹の強さが大事と言われているのはこのためです。

逆腹筋で姿勢や骨格が正せると、全身の**多種多様な筋肉を使えるようになり、関節の可動域も広がり**ます。すると、体を動かすのもラクになり体への負担が分散するので、疲れにくく長時間動けるようになります。

また、足裏全体で着地して小股でペタペタと歩いていた人も、足さばきがよくなります。ウォーキングやジョギング、トレーニングが好きな人は、今よりももっと動けるようになるのです。

逆腹筋で胸郭が上がると、肺が広がりやすく胸式呼吸になり、肺活量が上がります。ジョギングや短距離走、長距離走をするにしても、山登りをするにしても、**持久力までもれなく上がる**でしょう。

逆腹筋をすると体幹がぶれなくなり、身のこなしが素早くなります。

逆腹筋コラム ❹

逆腹筋やヨガの習慣は子どもたちの体にも良い

今、子どもたちの運動能力や筋力の低下が問題になっています。成長段階の子どもたちは遊びのなかで、さまざまな「体の動き」を獲得します。ところが大人が歩かなくなったように、子どもたちも自然や屋外で遊ぶ時間が減少。坂道を駆け下りたりのぼったりも、木登りや川遊びも日常的にしなくなりました。また、公園の遊具もどんどん少なくなり、広場にはあちこちに柵が設けられ「入るな」と制限され、体を動かすチャンスさえ奪われています。

一方、テレビやスマートフォン、ゲームなどの視聴時間は増加する一方。つまり、子どもまで下向きの姿勢が習慣になっているのです。

皆さんのお子さんは巻き肩で、横座りのように上半身が斜めに傾いていませんか？　もしそうであれば、運動不足や下向き習慣によってすでに姿勢を保つ筋肉が衰えている恐れがあり、将来的に側弯《そくわん》症になる危険性もあります。

ニュートラルな姿勢は頭も体も柔軟な子ども時代に学ぶのが理想です。屋外で遊ぶ時間が限られた今、逆腹筋やヨガが姿勢教育のツールとして学校教育に取り入れられたら、子どもたちの姿勢や運動能力も良い方向に向かうと感じています。

chapter

比較や起源

5

逆腹筋には
ヨガ&ピラティスの
メリットが
網羅されている

人類はそもそも筋トレを必要としていなかった

世界広しといえど、ストレッチをするシマウマや筋トレをするライオンはいません。
では、人という動物はなぜ、筋トレをするのでしょうか？

ライオンやシマウマが筋トレやストレッチをする必要がないのは、ちゃんと四本足で走っているからです。動物としての動きができているから、トレーニングなどやる必要がないし、やらなくても問題は起きません。

一方で、二本足で歩く動物の人間は、本当に歩かなくなり、走らなくなりまし

た。それにより、筋力は落ち、体のあちこちに問題を抱えるようになりました。

かつてのホモサピエンスにはおそらく、腰痛も偏平足も、もっと言えば高血圧や糖尿病もなかったでしょう。

現代人にそれらの問題が起こるようになったのはなぜでしょうか？　体を使わなくても生きていける社会環境への変化が、人間の体を退化させてしまったからです。

現代に生きる私たちは、人間として本来備わっているべき筋力が不足していると本能的に感じています。だから反動で「筋トレ」というトレーニングを行い、失った筋力を取り戻そうとするのです。

もしあなたが1日、何km、何十kmを人間本来のニュートラルな姿勢で歩いていたら、わざわざトレーニングをする必要はありません。

また、多くの方は基本的な筋力もなく、姿勢が悪い状態で「腰痛だから腹筋を強化しよう」と非常に負荷の高い上体起こし運動やプランクを行います。しかし、体の基本作りをスキップして強度の高いトレーニングをするから、腰を痛めるし、体を強くするどころか壊してしまうのです。

筋肉質の体に憧れを抱くのはいいのですが、筋力を失った状態からいきなり、「マッチョな体こそ健康体だ！」とガシガシ筋トレに取り組むのは、順番が違います。

まずはニュートラルな姿勢で歩き、次に負荷の低い自重トレーニングをする。その後、バーベルなどの高重量を使ったボディメイクをするのであれば、何ら問題は起こりません。

これまでもお話ししてきたように、人間の体を機能的に使う条件は、正しい姿勢（アライメント）を獲得することです。

そして、直立する動物なのですから、そもそも腹筋の基本的役割は求心性ではなく遠心性、つまりお腹を伸ばして姿勢を支えることだとわかります。ですから、まずは腹筋を遠心性で鍛えることが、ノーマルな状態に戻すための第一歩なのです。

私は「ナチュラル（自然）であることが普通である」という考えのもと、ボディワークの指導を行っています。姿勢が崩れることはもうナチュラルではない状態ですから、さまざまな不調や機能性障害を起こすのも当然なのです。

人間本来の体の使い方とは、自由に体を動かしていくなかでニュートラルな直立の姿勢を保持できることです。現代人にまず必要なのは、この「ホモサピエンスとしてノーマル」な体の条件を取り戻すことだと考えます。

ウエイトトレーニングにあまり向かない日本人

ウエイトトレーニングは西洋で発祥したトレーニング法です。私は日本人と西洋人とでは体の使い方がちょっと違うと思っています。

そもそも、**筋肉を肥大させることは、日本人の体に合っていない**のではないでしょうか。

西洋人やアフリカ系人種はもともとの筋肉量が多くて筋肉がつきやすく、パワーで戦う素質が備わっています。一方、筋肉量が少ないと言われる日本人は、複数の筋力をうまく連動させることを得意とします。これを運動学では「運動の連鎖」と言います。

日本の武道に「柔よく剛を制す」という言葉があります。日本の武道や柔術は**筋肉のパワーで戦うのではなく、筋肉のつながりで相手を制圧する**のが真髄です。野球の打撃で言うなら、球をパワーで打ち返すのではなく、球に自分を合わせていき、その連動性から生まれる力の効率性を最大限活用する、という具合です。

日本人はこのように、骨や関節を動きの流れのなかで連携させることがすごく得意です。しかし、ウエイトトレーニングをやりすぎると、体を動かそうとしたとき、筋肉のパワーが先行し、筋肉の連鎖を妨げる恐れがあります。

歴史を紐解くと、日本人がいかに筋肉の連鎖を利用し、力を抜いた流れるような動きを重視したかがわかります。

武士の世界を例にすると、武士は馬に乗りながら、矢を射られることが大切です。次に槍を操る力が必要で、馬から落ちたら刀で戦い、刀が折れてしまったら素手の柔術で戦います。

これが日本の武術の身体性の基本です。その流れに「筋肉をつけて体を大きくする」

という要素は入ってきません。体が重くなれば騎乗時に馬の負担になりますし、弓や刀を構えたとき、大きな筋肉はジャマになります。そして、相手の懐に入ったり背後をとったりする柔術には、スピードが求められる。体に重い筋肉をつけるという考え方は、少し合わないと言えます。

日本でウエイトトレーニングが生まれなかったのは、当然かもしれません。我々はパワーではなく、「連鎖で動く」ことをパフォーマンスの質として捉えており、「力」というものの発想が異なるのではないでしょうか。

もちろん、日本人にはウエイトトレーニングが必要ない、という意味ではありません。**向き不向きがある、ということです**。

競技スポーツでは、ボディビルやパワーリフティングなどとウエイトトレーニングは相性がよいです。逆にテニスやバドミントンのようなスピードを要する競技では、重い筋肉をまとうと動きが悪くなります。しなやかで俊敏な体を望むならば、ウエイトを使ったトレーニングは必要ありません。

普通の生活をラクに送れる体を「適正」とするなら、ウエイトによって肥大した筋肉を維持する体は「過剰」です。

ウエイトトレーニングで鍛えられる筋肉は「白筋系《はっきん》」という、瞬発的に強いパワーを発揮する筋肉です。白筋系の筋肉はエネルギーの消費が激しいのが特徴で、筋肉量を維持するには、トレーニングに加えて相当量の炭水化物とタンパク質が必要となります。消化や吸収のためには、強い内臓（内臓も筋肉です！）も必要ですよね。

過剰な肉体を維持するのはものすごく大変です。食事量や内容をコントロールし、ハードなトレーニングにストイックに取り組む必要があります。

筋肉こそ生きる喜びという人には向いていますが、そうでない人にとっては負担でしかありません。

トレーニングは、必ず自分に合った方法を選ぶこと。誰かがやっているから、誰かがいいと言ったからではなく、自分はどういう体でいると幸せなのか？　という視点で考えることが必要なのです。

逆腹筋とピラティスの意外な共通点

私は長年、ヨガとピラティスの両方を指導しています。この二つは似ているもの、あるいは同種のものと思っている方が非常に多いのではないでしょうか。

しかし、両者はむしろ対照的なボディワークです。

ヨガはインドで精神修行として発生したものであり、ピラティスはコアトレーニングやインナーマッスルトレーニングの手法として広く知られるようになりました。

腹筋の使い方一つをみても、特徴は異なります。

ヨガは立位で背骨を柔軟に動かすアーサナ（ポーズ）が多く、お腹も主に遠心性収縮で使います。

一方、**ピラティスのエクササイズは、腹筋を求心性収縮で使うのがメイン。**真逆の収縮様式です。

ピラティスは一見すると、シットアップなどの上体起こし運動や足上げ腹筋に似たエクササイズが多いです。ピラティスを多少知っている方は、「ピラティス＝腹筋トレーニング」という印象が強いと思います。

少し話がそれますが、腹筋というのは面白いもので、お腹をつぶしてグッと固めると体が動かなくなります。反対に、お腹を伸ばしてうすくすると、体が自由自在に動くようになります。

お腹を固める使い方は「ブレーシング」といって、アメリカンフットボールやラグビー、サッカーといったコンタクトスポーツでは、非常に重要となります。体幹をグッと固めることによって、相手に当たり負けしないパワーを発揮するからです。

柔道やレスリングなど相手と組む競技や、ウエイトリフティングのような重りを持ち上げる競技にも必要です。

一方、ピラティスで行うのはスタビライゼーショントレーニングです。背骨を伸ばし、お腹を引き上げた状態で行うことで、体幹を安定させていきます。軸が安定し、かつ手足を自由に動かせるようになるので、ダンサーたちの強い支持を得て、ピラティスは世界的に広がりました。

もしもダンサーが「体幹を強くしよう」とブレーシングをすれば、その場から動けなくなりますから。

私はピラティスの創設者であるジョゼフ・ピラティスのいちばんの功績は、「背骨を伸ばす」というコンセプトを発見したことだと思います。これをピラティスの用語で「エロンゲーション」と言います。

彼の著書『YOUR HEALTH』という本の表紙には、頭に何かが乗っかっていてつぶれている姿勢の人間と伸びている姿勢の人間が描かれています。

その絵に込められたメッセージは「つぶれるな、伸びろ!」。これが彼の伝えたいことのすべてであり、ピラティスというボディワークを通じて、世に知らしめたのです。

ピラティスはそるエクササイズではありません。むしろ、お腹にぐっと力を入れて、縮めるエクササイズばかりです。

だからといって、逆腹筋とはまったくの別物というわけでもありません。

お腹と背すじを伸ばして軸を作り、体を自由に動かす。この点では、逆腹筋と同じです。しかも、**体軸を伸ばしたエロンゲーションで腹筋トレーニングを行うと、体幹部――つまり腰まわりに負担なくできます。**

ニュートラルな姿勢を作るピラティスは、腹筋を求心性収縮で鍛えたい方にも、すごくおすすめのエクササイズなのです。

機能的な「縮める」腹筋運動はピラティス式がいちばん

「遠心性の腹筋トレーニングが大事なことはわかった。でも、やっぱり上体起こし運動やプランクにもチャレンジしたい」。そんな方にはピラティスがおすすめです。

ピラティスは前項で説明したとおり、腰を痛めずにコアトレーニングができます。本書では、腹筋トレーニングの王道といえる、カールアップ、足上げ腹筋、ツイスト、プランクに対応する種目を取り上げます。

求心性のピラティスを行ったあとに、遠心性の逆腹筋で姿勢をリセットすると、それぞれのトレーニングのメリットが体作りに生かせます。

チェストリフト

腰を痛めやすい上体起こし運動の代わりにおすすめなのがチェストリフト。その名のとおり、腰を床につけたまま、胸（肩甲骨）を床から上げます。上半身を床から20〜30度上げるだけですが、腹筋にしっかり効くのです。

1 あお向けでひざを立てる

あお向けになり両手は頭の後ろに添える。両脚は揃えてひざを立てる。

ポイント
肩甲骨を左右に開き背中を広くする意識

ポイント
首を長く保ち肩をすくめない

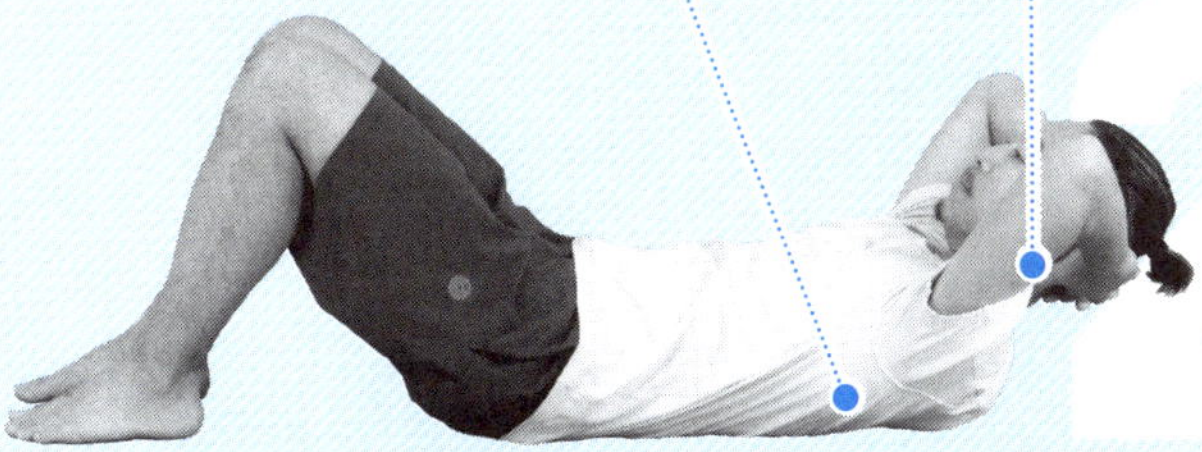

2 息を吐きながら上半身を肩甲骨まで持ち上げる

息を吐きながら、頭→首→肩甲骨の順番に床から持ち上げる。肩甲骨まで床から離れたら、肩甲骨→首→頭の順にゆっくりと床に下ろす。10回×3セット。

シザーズ

下腹部とウエストをガッツリ鍛えたい人は、足上げ腹筋の代わりにシザーズを。体幹部を強化しながら、内腹斜筋を中心に効率的に鍛えられます。足上げ腹筋のように脚を激しく上下させないため、安全に行えます。

1 両手を頭の後ろに添えひざと股関節を直角に曲げる

あお向けになり両手は頭の後ろに添える。肩甲骨が床から離れる程度に、頭から首、肩甲骨と順番に起こす。両脚は揃えて、骨盤とひざを直角に曲げる。

2 息を吐きながら両脚を上へ伸ばす

息を吐きながら、両脚を天井に向かってつま先まで伸ばす。

ポイント
首を長く保ち
肩をすくめない

ポイント
肩甲骨を左右に開き
背中を広くする意識

右脚をできるだけ低い位置まで下ろす

右脚を下ろすと同時に左脚を体に引き寄せて両手でタッチ。右脚は頭のほうから見たとき、頭と足が一直線上にあるようにまっすぐに下ろすこと。

ポイント
骨盤を安定させる

ポイント
腰はやさしく床を押して安定させる

左右交互に脚を上げ下ろし

左右の脚を入れ替えて3と同様に行う。3、4をリズミカルに続ける。

クリスクロス

ツイスト腹筋の代わりは、クリスクロス。ピラティスを代表するスタンダードな腹筋・背筋のエクササイズです。腰はやさしく床を押して、上半身は肩甲骨までを起こしてツイスト。外腹斜筋を刺激し、かっこいいくびれを手に入れましょう。

ポイント
床とひざ下を
平行に保つ

あお向けになり両脚を上げてひざを曲げる

あお向けになり両手は頭の後ろに添える。両脚を上げてひざを90度に曲げる。

ポイント
首を長く保ち
ポイント
肩甲骨を
左右に開き
背中を
広くする意識

頭を起こし肩甲骨まで床から上げる

ポイント
ポイント
骨盤は安定させる

息を吐きながら
右脚をつま先まで伸ばす

息を吐きながら低い位置で右脚をつま先まで伸ばす。同時に上体は左にひねり、引き寄せた左ひざに右ひじを近づける。

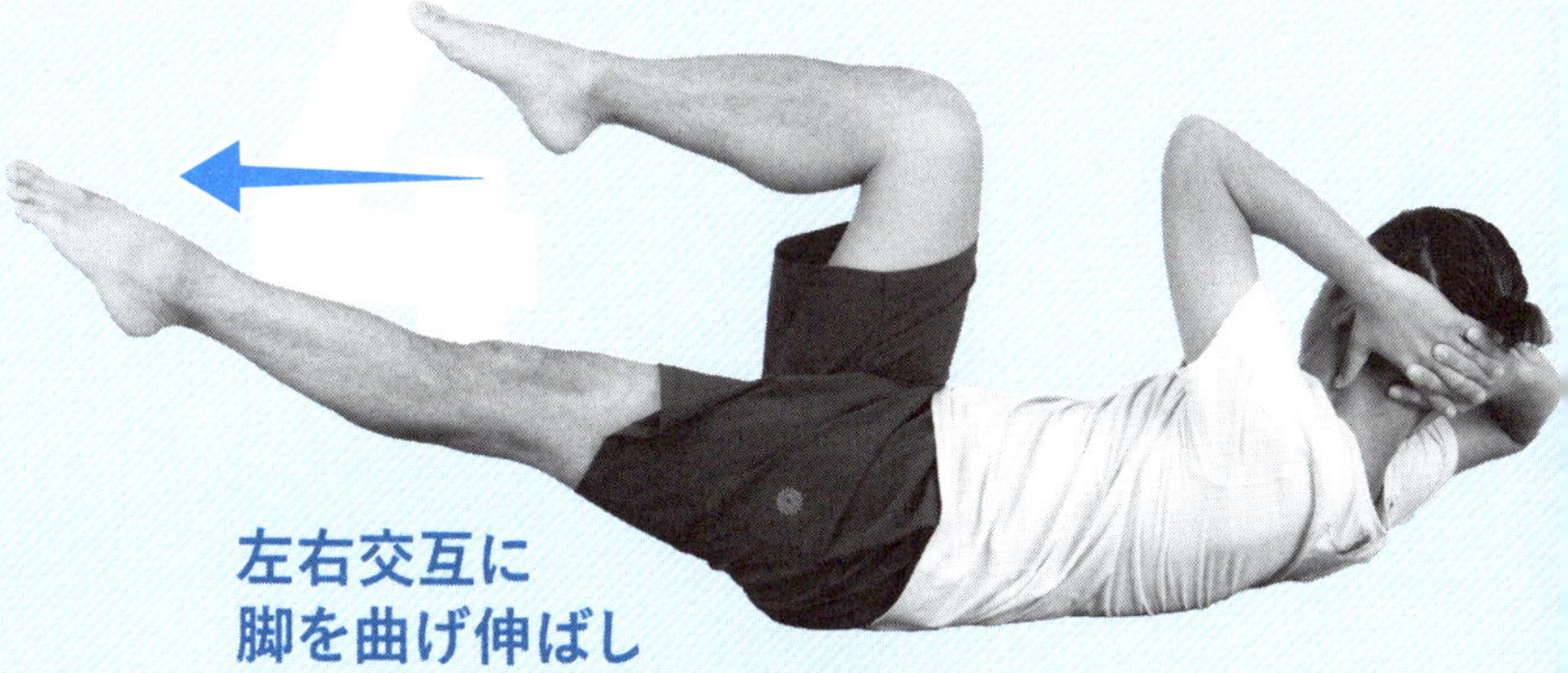

左右交互に
脚を曲げ伸ばし

続けて左右の脚を入れ替えて同様に行う。3、4をリズミカルに続ける。左右交互に計10回×3セット。

レッグプルフロント

プランクの体勢から、片方ずつ脚を上げ下げするレッグプルフロント。さらに股関節とひざをしっかり曲げるスクワットをプラスしました。プランクよりも負荷が上がるうえ、姿勢維持に大事な前鋸筋、腸腰筋、多裂筋も同時に鍛えられます。

ポイント
肩甲骨を左右に開き
背中を広くする意識

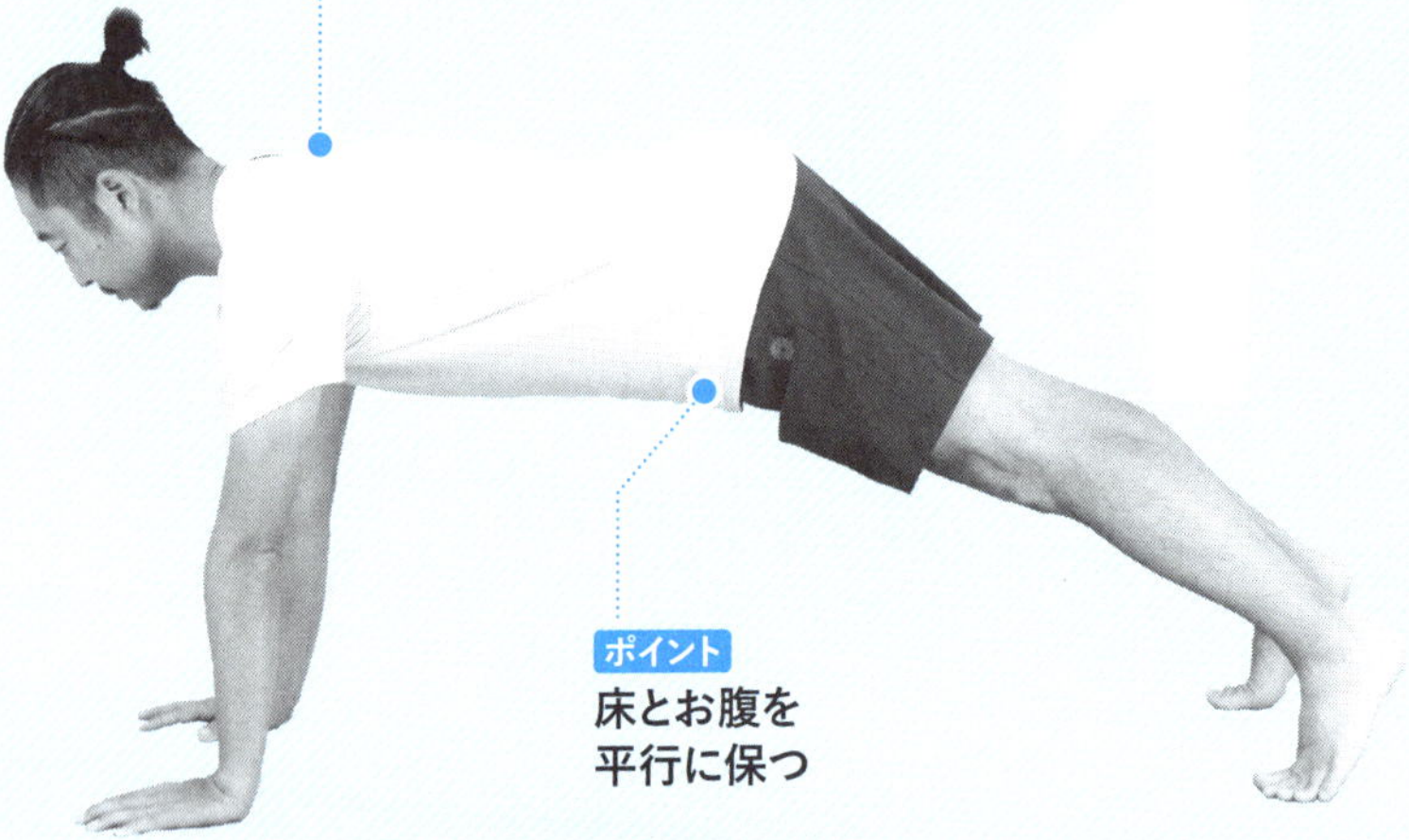

ポイント
床とお腹を
平行に保つ

両手を肩の下でつき 両足は腰幅に開く

四つばいになり両手を肩の下でつく。両脚を後方に伸ばし、両足を腰幅に開きつま先を立てる。

両手のひらで床を強く押しながら ひざを曲げてスクワット

両手のひらで床を強く押し、息を吐きながらひざを曲げて両脇を伸ばす。吸いながら1に戻る。1、2を5回繰り返す。

ポイント
肩甲骨を左右に開き
背中を広くする意識をキープ

ポイント
お腹を下げないように注意

頭からつま先まで 一直線をキープ

1の姿勢から、左脚を上げて伸ばす。頭からつま先まで一直線を保ち5秒キープ。右脚も同様に行う。1〜3を3セット。

ヨガで体の可能性を探求していたら逆腹筋が生まれた

ポーズや瞑想によって、心と体をとことん制御するコツをつかむ。それがヨガです。人体はその構造により、体を丸くするには限界があります。逆にそるほうは許容範囲が非常に広く、正直「どこまでもいける」と言ってよいほどです。理学療法士の視点からみると、**体を制御しながら「どこまでいけるのか」を探求するヨガ**には、深く「そる」ポーズが多いと映ります。

ヨガのポーズは背骨をそらしたり、倒したり、ねじったりします。背骨を丸くするのを制御しているのは靭帯《じんたい》。靭帯とは骨と骨をつなぐ組織で、人間の背骨の後ろにビッシリついています。だから座りながら前かがみで寝ても、前方にゴロンと倒れていきません。

一方、背骨の前についている靭帯はたったの1本。ですから「そる」という動作への制御が弱く、**頭と足の裏をくっつけるすごいポーズもできる**というわけです。

もちろん、医学的に言うと、この柔軟性は「普通」ではありません。正常か異常かと問われたら、「異常」です。ただし、体が正常に広がった先の異常、と言えます。

例えば、骨折をして手足が曲がったり、ひざの靭帯が損傷しグラグラになったりすれば、可動域は広がっているものの、それは「破壊」です。当然痛みを伴いますし、まったく正常ではありません。

ヨガのポーズでみられる関節の柔軟性は、日常的には必要ないですし、誰もができることではありません。けれども、筋肉を少しずつほぐし、背筋を鍛え、練習を重ねればコントロールできるようになります。体にはそれを許容する「余白」があるのです。

胸椎《きょうつい》には「そる」という動きに余白があり、股関節なら「曲げる」という動きに余白があります。そのような余白を使い切ったときに、人体の潜在的な能力が引き出されます。「自分の体はここまでいけるのか」「こんな深い呼吸などしたことがない」という、体を隅々まで使い切ったときの充実感が得られるのです。

常識や思い込みを突破したときの**「人の体はここまでいけるのか！」**という驚きが、ヨガで得られる楽しさや心地よさの一つです。体と心をコントロールし、心身が許容する限界を探求する過程でも、探求心や向上心を満たしてくれます。

ヨガにはさまざまなポーズがありますが、なかでも体をそらすと、胸が広がり、呼吸もどんどん深まるので、シンプルにとても気持ちがいいのです。

逆腹筋はもともと、ヨガのそるポーズからインスピレーションを得たトレーニングです。

先ほど言ったように、上体が後ろにそるときは、制御する靭帯は一つしかありません。上体が後ろに倒れないように制御できるのは、能動的には筋肉しかないわけです。腹筋が遠心性収縮で上体を力強く支えている。その重要な事実を確認できるのが逆腹筋です。

逆腹筋では、ヨガの「自分の体を使いつくす」という気持ち良さや、深い呼吸で得られる清々しさも感じることができます。

「ヨガをやってみたいけれど、体が硬いから無理かな」と感じていた方へ。逆腹筋で気持ちよくお腹を伸ばせるようになったら、次はぜひヨガを体験してみてください。そのまた先に広がっている、自分の体の可能性を感じられるでしょう。

逆腹筋は ヨガマスターへの第一歩

ヨガには、逆腹筋と同じく遠心性で腹筋を使うアーサナが数多くあります。そのため、逆腹筋の練習を正しく行うだけで、自然とポーズも深まっていきます。

本書では「ヨガにチャレンジしてみたい」「ベーシックなポーズをより深めたい」という方のために、代表的なアーサナのなかから、遠心性で腹筋を使うものを紹介します。

また、それぞれがどのような場面や悩みを抱えているときに行うと効果的かにも触れています。事前に逆腹筋を行うと、胸が開きやすくなり、ポーズもより深まるうえ、体を機能的に使えるようになります。

ウールドヴァハスタアーサナ（手を上に上げるポーズ）

手を上げて、胸を後ろにそらす。まさに逆腹筋そのもののポーズです。このポーズを行うと心が活性化し、やる気がアップ。呼吸もしやすくなります。特に、体が硬くなりやすい事務職の方におすすめです。

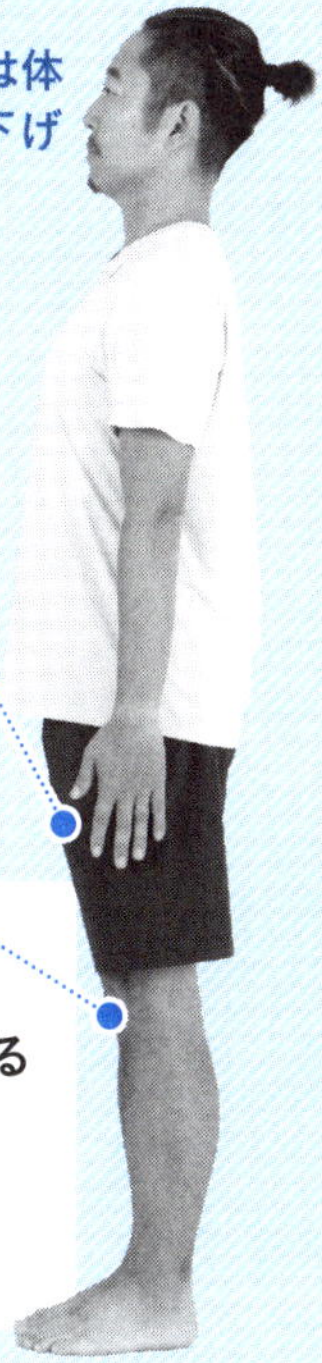

1 足を揃えて立ち背すじを伸ばす

背すじを伸ばし、両手は体の横に下ろす。肩を下げて首を長くする。

ポイント
もも前を引き上げる意識を持つ

ポイント
ひざ頭を正面に向ける

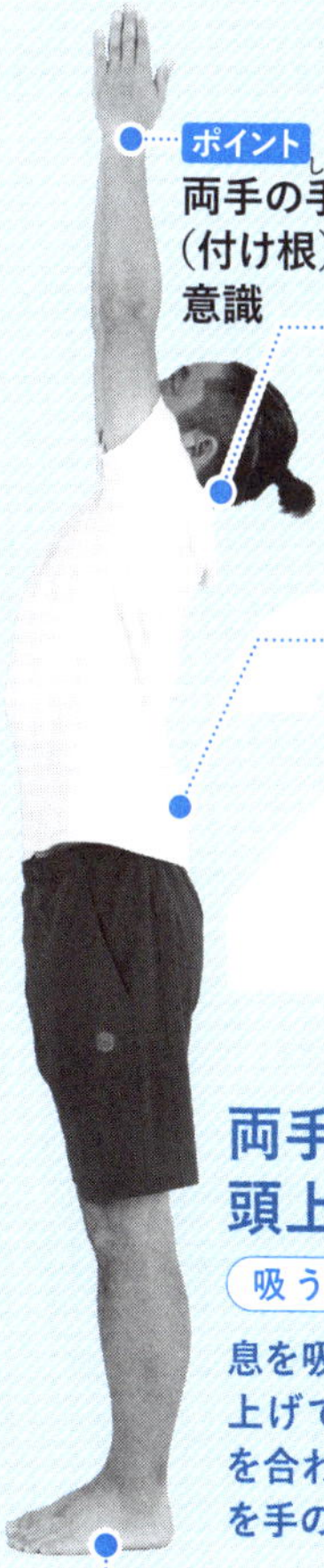

2 両手を前から上げて頭上に伸ばす

吸う　吐く

息を吸いながら両手を体の前から上げて頭上へ伸ばし、両手のひらを合わせる。背すじを伸ばし、視線を手の先に向けて5呼吸キープ。

ポイント
両手の手根部《しゅこんぶ》（付け根）を意識

ポイント
首の後ろをつぶさない

ポイント
腰をそらせない

ポイント
両手と両足で引っ張り合う意識を持つ
指先に意識がいきがちだが、両手の手根部を合わせることを意識すると、腕を伸ばしやすくなる。

ヴィーラバドラアーサナI
（戦士Iのポーズ）

下半身をどっしり構えたポーズで、安定感や充実感を得ることができます。また、戦士という名の通り、ポジティブな気持ちとやる気に満ちます。これからプレゼンしなければいけないとき、眠くて頭がボーっとするときにおすすめです。

両足を揃えて股関節とひざを軽く曲げる

両足を揃えて立つ。両手を腰に添えて股関節から上体を前傾させ、ひざを軽く曲げる。

2

左足を大きく後ろに引く 吸う

息を吸いながら左足を大きく後ろに引いて、足先をだいたい45度外側に向ける。前後開脚のため、骨盤が前傾し腰を詰めやすいので注意。

ポイント
骨盤を正面に向ける

3

両腕を頭上に伸ばし視線を手先に向ける 吸う

息を吸いながら両手のひらを合わせて頭上に伸ばし、視線を両手の先に向ける。5呼吸キープ。1～3を逆側も同様に。

アンジャネアーサナ
（三日月のポーズ）

胸の開きがとても大きく、かつ脚の前後開脚も広いため、非常に強い解放感を得られるポーズ。心と体が、少し縮こまっている人におすすめです。ただし、負荷も強いので柔軟性と筋力がある程度備わったらチャレンジを。

1

両手を床につき 右足を両手の間 左脚は後ろに伸ばす

正座から両手を肩幅で床につく。右足は両手の間に踏み出し、左脚は後ろにまっすぐ伸ばし、ひざ下から足の甲を床につける。

ポイント

両手はカップハンズ（指の腹を床につける）で床につける

2

腰を上げて胸からつま先を一直線にする

吸う

3

左ひざ下を床に下ろし上体を起こす 吐く

息を吐きながら左脚のひざ下から甲を再び床に下ろし、上体を起こす。両手を腰に添える。

ポイント
ひざ・かかと・つま先をまっすぐに

4

胸を引き上げ両手を頭上へ伸ばす

吸う 吐く

息を吐きながら両手を合わせて体の前に伸ばし、吸いながら胸を引き上げて両手を頭上へ伸ばす。5呼吸キープ。1～4を逆側も同様に。

ポイント
骨盤を立てる
骨盤が前傾しないよう、お腹をうすくして引き上げる。

ポイント
後脚の付け根に寄りかかりすぎない
体重をかけすぎると靭帯を伸ばしてしまう。あくまでも筋肉で支える意識を持つ。

ウシュトラアーサナ(ラクダのポーズ)

めいっぱい胸を開きたい人におすすめ。ただし、胸の可動域の広さが要求されるので、今まで紹介したポーズが心地よくできるようになったらチャレンジを。しかし、できるようになると素晴らしい気持ちよさを体感できます。

ひざ立ちになり、両ひざを骨盤幅に開き足指を床に立てる

手のひらを腰に当てお腹をうすくする

両手のひらを腰に当てる。息を吐きながら左右の肩とひじを背中側に寄せて、お腹をうすくし、骨盤をやや後傾させる。

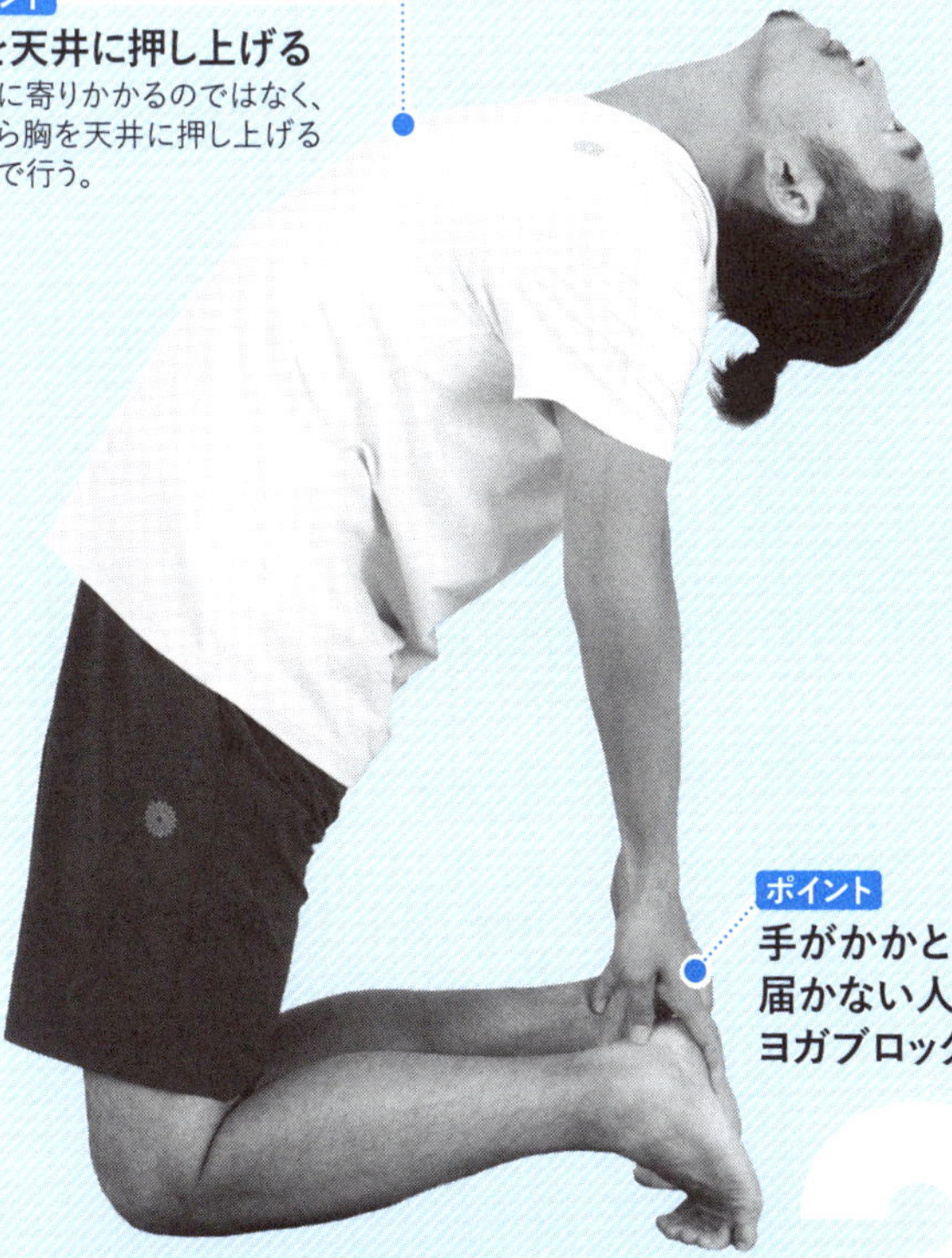

ポイント
胸を天井に押し上げる
両手に寄りかかるのではなく、下から胸を天井に押し上げる意識で行う。

ポイント
手がかかとに届かない人は、ヨガブロック※を使用

3

胸を天井に向けて かかとをつかみキープ

胸を天井に向け、体の前面を伸ばしながら、片手ずつかかとをつかむ。5呼吸キープ。できるようになったら、両手で同時にかかとをつかんでOK。

※ヨガのポーズをとる際にサポートしてくれる補助道具。

おわりに

移動中や仕事中、そして家のなかでも、スマートフォンやタブレット、あるいはパソコンばかりを凝視し、「下向き」の生活が当たり前となっている現代人。

ふと、空を見上げたとき、「あー、空ってこんなに広いんだ」と改めて感じた、という経験をされた方は多いと思います。

視線を下に向けると、地面に近い安心感はありつつ、空間的な限界も見えます。

一方、視線を上に向けると、一気に無限大の広がりを感じられます。雲や木々に実る果物を見て季節を感じたり、夜空を見上げてギリシャ神話や宇宙に思いを馳せたりもできます。

私は、そこにこそ喜びや楽しみ、そして人間らしさがあり、ＱＯＬを上げる秘訣があるのではと考えます。

逆腹筋は、発想の転換を体験できるトレーニングです。

この本を手に取ったとき、皆さんは「腹筋運動＝お腹を縮める上体起こし運動」の認識だったと思います。でも、人体の構造上、実は腹筋は伸ばして鍛えるほうが機能的であることに気づいたり、そもそも、この伸ばす＝遠心性収縮によって、私たちは直立二足歩行ができることを知ったりして、驚きを感じられたと思います。

「最初は腹筋を鍛えるためにやってみたけれど、これまでの腹筋運動とはどうやらちょっと違うぞ」

そんな新しい発見があったのではないでしょうか。

スマホから顔を上げ、上を向いて歩くだけで見える景色が一変するように、視野が広がったり、視点がちょっと変わったりするだけで、世界はまるで違って見えます。

それは腹筋に限りません。

視点を変えてみたら、おそらくまだまだ新しい発見、面白い発見がきっとあります。

下ばかり向いてしまいがちな現代人にとって、上を向く練習でもある逆腹筋が、そのきっかけになったらうれしいです。

私は健康の産業にいるからこそ、健康のために生きることほど馬鹿馬鹿しいことはない、と思っています。

なぜなら、健康は生きていくうえでの「ベース」となるものだからです。

私は、この本を読み、逆腹筋を実践し、姿勢がよくなった方に「健康になってよかったでしょ?」と言いたいのではありません。健康を手にしたあと、その先にあるものが大切なのです。

この本を読んでくれたあなたの世界が広がること、そして人生のクオリティが上がることを、私は願っています。

それこそが、逆腹筋で得られる何ものにも代えがたい財産だと思うのです。

中村尚人

中村 尚人 なかむら なおと

理学療法士、ヨガインストラクター。逆腹筋メソッドの考案者。Studio TAKTEIGHT(タクトエイト)主宰。1999年より理学療法士として大学病院から在宅まで12年間幅広く臨床を経験、その中でヨガと出会う。2011年に予防医学を実現するために独立。解剖学への深い理解と、医学に基づく安全な指導に定評があり、日本最大のヨガイベントYoga Fest、オーガニックライフ東京には毎年招聘されている。現在は、医療とボディーワークの融合、予防医学の確立を目指し、日々患者や生徒と向き合っている。これまでに、理学療法士として姿勢や運動機能に問題を抱えた1万人以上の患者と向き合いつつ、ヨガやピラティスの指導者として2,000人以上のインストラクターを養成。著書はロングセラーの『ヨガの解剖学』(BABジャパン)をはじめ、テレビやYouTubeで話題になった『「そる」だけでやせる 腹筋革命』(飛鳥新社)など多数。NHK『きょうの健康』『おはよう日本』をはじめ、全国ネット局の番組への出演実績多数。

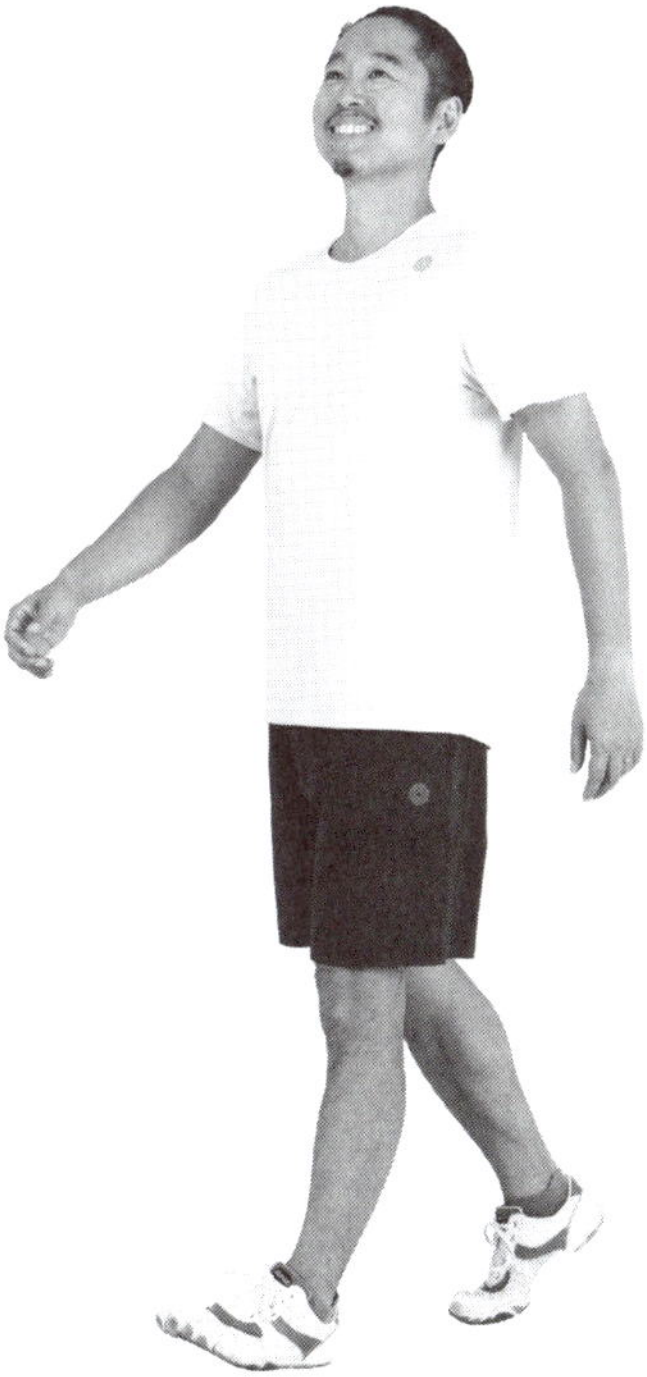

逆腹筋《ぎゃくふっきん》の教科書《きょうかしょ》
人体《じんたい》の構造的《こうぞうてき》に正《ただ》しい
腹筋運動《ふっきんうんどう》の新標準《ニュー・スタンダード》

2025年 2月10日 初版発行

著　　者　中村《なかむら》 尚人《なおと》
発 行 者　山下 直久
発　　行　株式会社KADOKAWA
〒102-8177
東京都千代田区富士見2-13-3
電話 0570-002-301（ナビダイヤル）
印 刷 所　TOPPANクロレ株式会社
製 本 所　TOPPANクロレ株式会社

● お問い合わせ
https://www.kadokawa.co.jp/
（「お問い合わせ」へお進みください）
※内容によっては、お答えできない場合があります。
※サポートは日本国内のみとさせていただきます。
※Japanese text only

定価はカバーに表示してあります。

ISBN978-4-04-607062-3 C0075